U0010904

環島浪漫

曾文誠800公里
的人生完賽

曾文誠 ——— 著

Record of
hiking on the island

謹以此書獻給我的牽手鄭淑華

實踐生命、珍視他人的美妙旅程

臺灣師範大學地理系教授 林聖欽

「莫聽穿林打葉聲，何妨吟嘯且徐行」，應該是曾公這趟徒步環島旅程最好的寫照了。

不需既定的目標，也沒有固定的行程，曾公在徒步環島的旅途中，每天自然而然地就能發掘到新鮮事，並巧妙地與文學作品、棒球故事、人生經歷相互交織對話，把每個地方的故事描述得活靈活現，更帶著深遠寓意於文字當中，讓人讀起來不免心情澎湃萬分，恨不得明天就背起行囊，立刻投入到徒步環島的旅程中。

臺灣雖然不大，但環島一圈也有一千公里遠，所以或許有人把徒步環島視為一項壯舉，但是把它視為旅程其實更為恰當。因為徒步，所以可以隨時在路上暫停，發掘到騎車或開車時看不到的美景；因為徒步，所以每天的行程不會太遠，能夠對每個地方有更深度的認識；因為徒步，所以不得不過著慢活的生活，以閒靜的心情看待所遇到的人事物。其實這些都是旅行的重要目的，透過異地的體驗，理解他人的生活與價值觀，進而尊重與看待彼此間的差異；打開自己的視野，突破自我的思維窠臼，蓄積能量去創造人生的無限可能性。所以客觀上，徒步環島看似自我身心的一種煎熬之行，挑戰成功者往往被視為勇者，但在主觀上，徒步環島更是自我身心的沉澱與蛻變之旅，是實踐生命、珍視他人的美妙旅程。

當然，並非每人都有足夠的時間進行徒步環島，但就如同曾公擔任球評的妙語如珠般，我們可以透過這本《環島浪漫》一書中妙趣橫生的文字，跟著章節段落一起環島，共同來認識桃園客家風味料理，

竹苗兩地米粉口感差異，臺中廟宇經營現代化，彰化傳統產業社會責任，雲嘉南在地庶民文化，高屏環境議題深層結構，花東多元族群文化資產，基宜沿海港口產業風貌等；而且更有意思的是，最後曾公還將沿途的住宿經驗，整合成了全臺旅社經營變遷小故事。也許看完這些故事後，下一個徒步環島的旅行者就是你了。

最後，讓我們換個角度來看下列臺灣鄉鎮市區的地名，相信隱藏在這些鄉鎮用字的玄機，就是每個徒步環島旅行者最大的收穫。

元長（雲林）
福興（彰化）
士林（臺北）
玉里（花蓮）
香山（新竹）
中寮（南投）
路竹（高雄）

跟他一起走

作家 黃崇凱

　　有次偶然參與作家蔡逸君的寫作課程，一堂在室內聽他講課，一堂則由他帶領學員們到戶外漫遊。那時他剛出版散文集《跟我一起走》，記錄他斷續徒步環島的旅程。十多年後，我忘了他在課堂說了什麼，也不太記得我們跟他走了哪些路。殘留的只剩一些畫面和感受：悶熱的午後，臺北河堤外的雜草，早早清空的水壺，零零落落的學員，大稻埕慈聖宮周邊的小吃攤。但我偶爾會想像那種孤身一人走在長長路上的模樣。

　　也是那一兩年，我最密集看美國職棒大聯盟的球賽。原因自然是王建民在紐約洋基隊的穩定表現（以及當時前途茫茫的研究生身分）。那時候聽得最熟悉的聲音，就是播報台上的主播和球評。時常早起或熬夜看球，中間難免精神不支，打了盹醒來，還是一樣的聲音在描述賽事細節，在在使我安心。我喜歡棒球賽的慢，一場球打下來動輒兩三小時，有時四五小時，看完球賽一天也揮霍得差不多了。或許棒球本身就是一種極度奢侈的運動，它要求球員以大量練習換取投球和擊球的技能，它大批消耗球員的身體和精神，然後呢，它還徵收球迷大把大把時間看球、研究各種統計數據、玩 Fantasy Baseball、跟其他球迷論戰所有跟棒球有關的事。其中包括哪個球評最能適時判讀、講解場上局勢。其實沒什麼好爭的，曾公文誠大概是所有棒球迷心中的不動先發。

　　身為棒球之神發派到臺灣的發言人曾文誠，過去幾年挑戰過三項鐵人、馬拉松、單車環島，也重拾畫筆出了畫冊，去年則完成徒步環

島，還附帶這本《環島浪漫》。

　　整本書讀下來，我發現這其實是一場公路電影。臺灣不大，開車或騎車，幾天就可繞行一圈，難有公路電影漫漫長路的史詩感。唯有步行環臺，配上伍佰那首〈返去故鄉〉唱的：「我的雙腳站在遮，我的鮮血，我的目屎，攏藏在這個土腳」，伴隨沿路的便利超商、來往車輛、閒置廠房、老舊的小旅社。曾公每日二十五公里的低速慢行，映襯的是現代文明事事追求速度和效率。人們習慣了快，卻忘記有些風景不以這樣的方式慢慢靠近就看不到。不止那些途中偶遇的人和景物，也包含那些久未想起的往事。所以讀到曾公說如何打起精神往前走的訣竅是「走不太動時不妨往後看看」，我也為之一振──在路上的人，走的不僅是眼前的路，同時是通往昨日的路。

　　沿著曾公的腳步，我彷彿在場旁觀他的半生記。看到他小時候在基隆的旅館自動門前嘻嘻哈哈地讓門開再跑掉，聽他講述當兵前的日子怎麼騎摩托車從高雄到臺南分送咖啡豆，如何跟同父異母的兄長們相處，又怎樣開始他跟棒球糾纏一輩子的機緣。於是這趟徒步之旅走到成為一種隱喻。當你有意無意選擇了某條路，也就意味著有許多路是被放棄的。比方說，若非當年曾公辭掉業務工作去應徵職棒雜誌記者，我們大概沒有後來這個深耕棒球、播報球賽的曾文誠。儘管我猜想，其他版本的曾文誠應當也是樂於探索生活的，或許一樣熱愛運動、畫畫和咖啡，同樣懷著好奇心在人生路上。

　　無論如何，我仍覺得這個版本的曾公是最好的版本。他以親身實證告訴我們：活著最可貴的不在於擁有各式各樣的可能和選擇，而在於投身實踐，完善你自己。

　　千萬不可小覷徒步環島八百多公里的人。

這是浪漫，不是熱血

OISTAT 國際劇場組織執行長 魏琬容

「我只是想做一件毫無意義，任誰都可能，但只有異想天開的傢伙，才會去做的事。」這是曾公對於自己這趟徒步環島行的註解。

我們活在一個過度詮釋、意義膨脹的年代，任何事情都要披上一層崇高意義，方可以順理成章，在這樣的年代，「做一件毫無意義、任誰都可能的事情」，是一種稀有的浪漫。

是的，一種稀有的浪漫情懷，像是盛夏陽光下的梔子花香氣，不常見。如果你慢慢感受書中字裡行間的氣味，一如你停步靠近一株巷口的梔子花，你會感受到撲面而來的淡淡香氣，「啊，對，就是這股味道」。不是什麼稀有昂貴的異國濃豔玫瑰，而是臺灣日常的氣味，只是我們過度忙碌，視而不見。

不，這是浪漫，這不是熱血。熱血是一股衝勁冒上腦門，不管三七二十一就出發，因為準備不足，一路痛的哇哇叫然後安慰自己「啊，這就是青春啊，這就是熱血啊」。浪漫，是思量準備後，放手去作一件毫無實質意義的事情，並且一路不改初衷，儘管每一步都疼痛不已，仍然堅持一步一步往前，調整自己再出發。

嗯？等一下，這怎麼聽起來有點像棒球？對很多人而言，曾公二字，就等於棒球。這回，我們不談棒球，但棒球獨有的浪漫情懷，被曾公踩成步伐，一步步環島臺灣，又落成文字，變成一頁頁時而碎念、時而細膩的篇章，曾公沿途遇上的那些人，如暖心幫外勞解決貨運問題的小七店員、幫客人介紹小姐而被警察罰了九萬的飯店阿姊，彷彿就在我們眼前。

　　盛夏陽光下的梔子花香氣，靠近海邊時空氣中的鹽味，一種稀有的浪漫，這，就是屬於本書的氣味。

環島浪漫 Table of Content

就是想走而已

　　到大溪大概已經過晚上七點了吧，天黑得很快，下著毛毛雨，途中還丟了條擦汗的毛巾，很狼狽吧我，記不起最後從三峽到這裡究竟休息了幾次，只知道天色還有點光線前，一直想找投宿（投降）的地方。

　　出發前在網路上爬文，我很少做這種事，但這趟要出門這麼久，還是研究一下好了，電腦螢幕裡頭有人說男生一天可以走三十公里，所以不疑有他，就把第一天的距離設為三十公里的永和到大溪。

　　這是非常錯誤的第一步。

　　我應該先問問那個發文的人，你幾歲？如果是二十五歲的年輕小伙子，那麼我就整整大他三十二歲，是一倍的差距還有剩，所以三十公里應該打個七折還差不多，第一天就在錯估下吃了苦頭。

　　但在雨絲中，還是讓我走到大溪了，在我們這年代，等於是蔣介石同義詞的地方，我沒有心思、也不想去緬懷他，我要的是趕緊躺下休息。

但錯誤第二步來了，以為走到就自然有睡的。

以為旅店只要上 Google 找就有，結果並沒有。只好先去 OK便利商店買點吃的，一邊找東西，我背包後的旗子一邊晃，上面那幾個「環島徒步中，請為我加油」的字也擺動不已。

店員之一的男弟半信半疑問我：「徒步環島？」

我苦笑：「是。」

店員之二的女妹說：「好棒。」

緊接著下來的對話是：

「請問這附近有住的地方嗎？」

「有啊，這邊有兩家旅館，左邊有一家，右邊有一家，出門走出去就到。」男弟說。

（明明有旅館，那 Google是怎麼回事？）

「哪一家比較近？」我問。

「啊，你都出來徒步了，有差那幾步嗎？」女妹笑笑地搶答。

我說這位咩呀，你雖然長得可愛也笑嘻嘻的，但這樣直接吐槽大叔好像不太好喔。

但決定不和她計較，自行出門往右轉沒多久，在夜巷中，幾個白色招牌大字就在眼前。

得救了！

「請問有房間嗎？」這是禮貌的問法，我想既不是假日又是小鎮不可能沒吧？

「我查一下！」

（查一下！不會吧？我的 iPhone電力不到 20%了，但我的體力比它還糟，該不會流落大溪街頭吧？）

「你再等一下，我去後面查。」

三五分鐘後，二十出頭的小伙計走出來，說：「有一間空房。」

得救了！

「請問一晚多少錢。」

（十萬我應該也會住。）

「一晚六百。」

「六百？！」

「對，六百。」

我就在半信半疑中給了一千找回四百，再給身分證登記，拿鑰匙上二樓。

打開房門一看，難怪只收六百；雖然是這輩子住過最便宜的旅館，但今天走了十個小時了，看到有床、有被，用力大字形給他躺下後，唯一的念頭只有：「這是這輩子住過最棒的旅館。」

隔天不知道究竟是如何把自己撐起來的，想想一整晚六百元的房間，冷氣啟動如裝甲車開過，窗戶只隔蚊子不隔聲音，但八成時間裡，應該是把我抬回臺北也沒感覺的狀態。

這就是徒步的第一天。

跟預期相同嗎？說不上來，走了三十公里到底有多長？的確要走了才知道，對一個跑過全馬、三鐵，就以為自己體能很好的人來說，

怎麼也沒想到三十公里竟然是個挑戰,不過這也是徒步旅行有趣的地方,有太多部分是你無法掌握的,即便這僅是第一天。

那麼,為什麼是徒步?

這趟環島之旅進行的前中後,有不少人問我,為什麼想要用走的?這個也問那個也問,最後只好擠出個「想慢慢走看看臺灣」的回答。其實出門前,完全沒有什麼目的,就是想走而已。

後來看了澤木耕太郎的《深夜特急》,我才拍了自己的大腿說:「沒錯!」

澤木寫著:「我不是為任何人,也不是為了增加知識、探討真理,或做報導,更不是熱血沸騰的冒險,我只是想做一件毫無意義,任誰都可能,但只有異想天開的傢伙,才會去做的事。」

真的就是這樣,就是想完成一件事而已,沒什麼太特別偉大的理想。

澤木さんの言った通りです。(澤木先生,你說對了。)

昨天太小，明天太老，今天剛剛好

沒有比一大早菜市場
更具生命力的

「金水吼！」

聽到這句，我一時沒有意會過來，有點疑惑地轉身看講話的歐里桑，他指了指天空，原來是我手拿相機對著天空，他要跟我表達天空很美，大溪的天空很美。

天空下是大溪菜市場。清晨起來，昨天三十公里的疲累仍在，但想想今天到關西的距離只有二十出頭，時間應該是充裕的，所以利用早上這段時間出去走走，旅館老闆建議我去附近老街晃晃，但全臺灣

各地老街那種複製貼上的景觀，加上「中央廚房」似全臺灣規格一致的商品，實在提不起我的興趣。

走著走著就到菜市場了，人聲、車聲、叫賣聲，沒有比一大早菜市場更具生命力的，所以我拿起相機東拍拍、西拍拍。

今天天氣極好，情不自禁地鏡頭對著天空，就在這時候，身旁的歐里桑出聲了，等我完全意會後，歐里桑跟我說，不、我相信他是要指導我如何取景，兩旁攤商為邊，中間對著藍天，我照著按下快門，咦！他還是站著沒離開，我再加拍一次，他仍站著不動。

我試著說：「實在金水吼？」

歐里桑點點頭，笑笑走了。

這麼愛自己家鄉的人，少見。

看著白雲過日子是幸福的

為何只有客家人能把薑絲大腸烹調得如此美味？

　　行前一直以為，從北到南要走的話，就只有一條臺一線，也就是俗稱的縱貫線可走，後來才知道臺三線也是個選擇，雖然不至於像立委那樣狀況外，在立院質詢問臺三線是哪三條；但臺三線對我來說還是十分陌生。從大溪到關西走臺三線，出大溪口就遇到困難，Google指示往右，卻有路標指往左到關西。走路不比開車，一旦偏離軌道，方向盤一打、油門一踩，幾分鐘就能回頭。走錯路那是一時半刻回不來的，體力耗損根本難以想像。

　　所以趕緊問路邊人家：「請問左邊是臺三線還是右邊？」

　　「我住這裡這麼久了，也不知道前面這條是什麼線。」一個十分粗壯的男子回答我。

　　聽起來奇怪，想想卻是有理。對多數人來說，家門前是什麼路很清楚，至於是位在臺灣地圖上的哪條省道，沒什麼概念也正常。

　　最後決定跟著 Google走，結果是正確，中午途經龍潭興沖沖地想吃客家菜，我真的超愛吃客家菜的，尤其薑絲大腸，想到就流口水了，但龍潭整條街上竟沒有，是怎麼一回事？這不是客家地區嗎？幸好到關西解饞了，在關西教堂對面，隨便找了家客家料理店進門，晚上用餐時間，裡頭一個人都沒有，僅有一位著高中校服的女生在玩手機，還有一位阿婆，阿婆起身問我要吃什麼？我就像電腦程式啟動，完全沒考慮就唸出：「粄條、客家小炒、薑絲大腸。」如果我們家妹妹在旁的話，肯定又會說：「爸爸每次都點薑絲大腸。」不久薑絲大腸連同其他餐點來了，阿婆一盤盤端來，高校女生依然動都不動地滑

手機，突然想到裡頭料理的是媽媽，那這家餐廳的男丁去哪了？

但不重要，要緊的是食物味道。才吃了幾口，我就像《孤獨的美食家》那般自語自言：「這……酸得恰到好處，腸的韌度也夠，這……人……間……美……味……啊！」結帳後，看到高校妹妹還是只有手指在動，但阿婆用極濃客家腔問我好不好吃。「好吃啊！」如果以臉書語法表示，應該要加括弧寫「認真」兩字。但為何只有客家人能把薑絲大腸烹調得如此美味？另一個疑問是，十幾天後我到美濃參加活動，用餐時餐桌上一盤薑絲大腸幾乎被我一人吃光，看得一旁的古錦松老師說：「很少看臺灣人這麼愛吃這道菜的。」

是嗎？這麼好吃的食物，怪了！

咱們中文系畢業的什麼都能做

　　其實走臺三線是不錯的，可以經過不少有特色的鄉鎮，例如關西過後的竹東。

　　我對竹東很有感情，早在三十幾年前，補習班有個住在五峰鄉的原住民同學，那年我們幾個同學決定從臺北上山找他。那個年代上山不容易，還特地開了行前會，彼時從臺北出發後到竹東轉車上山，有兩個方法可選：搭回部落的原住民便車，但並不常見，反而是野雞車比較好叫。

　　回程巧遇林務局上山載木頭的大卡車，搭他們的便車回到竹東，因為車子主要是載木頭而非人，座位有限，我們只能坐在大木頭上，然後想辦法用手攀住旁邊的網繩，車子在山谷間彎彎曲曲移動，我們身體就這麼跟著左右擺動，沒有比這個更刺激的啦！

　　就因為上山走了這趟，發現那裡很美，加上同學的地緣關係，雖然交通不方便，依舊經常往山上跑，後來才知道這個叫「清泉」的地方，不僅景色美又有溫泉，而且幾位名人和它有關，張學良被軟禁在這、作家三毛在此有屬於她自己的一間房屋，也因為常上山而認識已在此服務多年、泰雅族語講得比中文好的美籍神父丁松青，那是非常快樂的幾年時光，連結臺北和此處的是中心點竹東。如今徒步而過，尤其經過一直做為中途站的國光客運車站時，更勾起了許多年輕的回憶。

　　但我沒有多停留，繼續往前行。今天的目標是走到北埔，不過看看時間才不到三點，離北埔差不多只剩五六公里而已。決定選了家看

起來不錯的咖啡餐館稍事休息。推門進去居然是滿座，只剩右邊一個小角落供我選擇，點了咖啡加一份三明治。嘴巴動著眼睛也望向其他方向，有一長排併桌後的位置，兩邊各坐了三四位熟女，她們年紀相仿，所以第一時間，我以為在開同學會，但細看發現有人在翻報表，又談起什麼產品，應該不是開同學會，就像柯文哲說的「關我屁事」。所以休息夠了，就打算扛起背包走人，但後面那「徒步中」的旗幟又

招人注意了。

女士 A 發現後問：「你在徒步喔？」我點頭。

接下來女士 BCDE……也轉身跟著問。

一群女人同一時間開口，那情景你是知道的。

接下來有人遞給我名片，有人問有沒有臉書？可不可以加 Line？如此主動大方，應該可以猜出她們的職業一二，所以用我快沒救的老花眼，勉強看出手上名片的文字後，果真從事直銷相關工作。

從小我就內向，直到現在還是很怕陌生人，所以向來很佩服業務人員可以主動和別人攀談，打成一片，我應該做不來吧？

但好像也未必，人總是有生存的本能，作家阿盛在他那篇〈同學會〉的文章說到，全班生意做最成功的，卻是當年個性最害羞的人。大陸作家李師江那本小說《中文系》寫道，也是我常愛用的一段話：「中文系畢業證書像狗皮膏藥，哪裡痛貼哪裡。」

意思是說咱們中文系畢業的什麼都能做，搞不好有機會我也可以是很棒的業務員。

出門前，幾位女士說一定要跟我合照，而且非得稱她們是「七仙女」不可。好吧，你們都是七仙女，但沒留臉書、Line 的我絕不是董永。

再見！

你現在可是每天都有機會
轟全壘打！

北埔的清晨，我是被雞鳴聲吵醒的，說吵醒其實心裡帶著愉悅，有多久沒有一大早聽到雞啼了呢？想到這是客家莊就更有感了。

北埔第一天迎接我的除了雞叫聲，還有游皓雲。

游皓雲的夢想是成為一名棒球記者，但當年沒有多少機會讓她發揮。還好，她的另一興趣西班牙文沒有讓她失望。皓雲熱愛西班牙文，她苦學，也到西班牙住過幾年，爾後她的專長發揮在工作上，不但被外交部派到多明尼加教導當地學生中文，用西班牙文教中文，你看有多酷。後來她不斷累積這方面經驗，教老外中文，教臺灣同胞西班牙文，這十幾年來，大概教了不下六百多個學生。

幾年前跟她聊天，我說有一天你搞不好會自己開補習班，她用呵呵笑回答我。果真被我言中，這個目前新竹頗具特色的語言補習班「雲飛語言中心」已經邁入第五年，換言之，我們至少五年以上沒有見面了。

趕在我要徒步到下一目的地前，皓雲特別跑來跟我見上一面，真的很替她這些年來的努力成果感到高興，然後，我對她說了句：「當不成投手又如何，你現在可是每天都有機會轟全壘打！」

她又哈哈大笑。

向來以為米粉只有新竹聞名，沒想到揮別了游皓雲一路往南，才發現事實並非如此。

跨過中港溪橋途經頭份尖山時，赫然發現此地有個米粉街，街道兩旁各有數家統一綠色招牌的米粉店，但仍營業的並不多。街口立一塊「尖山米粉產物史」碑文，述說民國四十年代，此地曾擁有四十五家以上產製米粉的業者，米粉不僅是苗栗人最愛，也是引以為傲的地方產業。

我可能跟一般人相同，一提到米粉就只想到新竹，原來苗栗尖山米粉也曾引領風騷。

既然到了午餐時間，而且前面被中港溪橋那不間斷的狂風吹襲後，一陣飢餓感襲來，就找家店嚐嚐尖山米粉有何不同吧！

米粉端上桌前，我先問了老闆娘竹苗兩地的差別，她說本地的米粉比較 Q、有嚼勁和香味，新竹是用蒸的比較細。這是頭家娘說的，不過還是口吃為憑吧！

當一口咬下有點水水的感覺，有點像吃比較細的米苔目，也許是過去吃新竹米粉既定口感印象太深，所以剛吃有點不太習慣，但我另點了份薑絲大腸，倒也美味。

不過店裡客人不只我一位，應該說好幾位，都圍坐在同一桌上，這裡是客家村，很有年紀的他們坐在一起用客家話談天是再自然不過的事，因此「#@×÷……」，我像到海外一樣鴨子聽雷。

我唯一會的一句客家話就只有徐展元鬼吼鬼叫的「大家好」，這時就很後悔沒跟我們家妹妹學幾句客語，我們家雖然是閩南家庭，但不知為何，妹妹小時候對客語極有興趣。在多學一種語言，就多了解一種文化想法下，很鼓勵她多去嘗試，後來又從客委會拿到客語卡通《大紅狗》，這下讓她學得更有勁了，我想學習效果應該不錯，因為有回去吃客家菜，她還跟老闆落了幾句客語，逗得老闆超開心。

現在妹妹不在，我只能像聽周杰倫唱雙節棍一樣，猜他們在唱什麼，不是，是講什麼。幾分鐘後就放棄了，但講啥好像也不重要，老人家有伴聊天，有東西吃，就是很棒的一件事，不是嗎？

不過老人家好像並不滿足，這家店附設有卡拉 OK，所以音樂一開，他們打算歌喉戰了，既然如此，我只好走人了。唉！唱歌人永遠不知聽歌人的痛苦啊！

行動力就是你的超能力

我太太應該是
全臺灣最聰明的女人

之所以走臺三線，是它距離相對短，而且城鎮與城鎮之間，可以多一點住宿選擇及補給的地方。

要說缺點的話，真的要走了才知道。此路線尤其苗栗這一段，幾乎是重機的天堂，每天都會看到大小紅黃牌車來來去去、呼嘯而過，完全無視這高低起伏的臺三線坡地。

他們無視，我就有差了。

行前我最擔心的是，每天長距離移動導致後腳起水泡的狀況，據說有人因此而打退堂鼓，所以稍為研究一下之後，買鞋買襪都很小心，當然塗凡士林也是一定要的。

萬萬沒想到第一天三十公里下來，水泡來得又急又快，當天左右腳已經起了大大小小的水泡，挑戰起我的忍痛力。以我有限及請教他人的醫學建議下，得到的結論是水泡不要弄破以免感染，畢竟還要往前走，暫時能解決的辦法是，多穿一雙襪子，以及忍耐。

第二天忍著、第三天忍著，到了第四天，大概是每踩一步就痛一下，之前每五公里休息一次的我，有時撐不到這個距離就要暫停，把鞋襪脫掉，讓腳呼吸一下，但脫穿鞋子之間還是一陣痛。要命的是，從大溪開始的這段臺三線，一路丘陵山坡起伏，對未能擁有一雙健康腳的我挑戰程度更高，「咬牙」是唯一可以形容的詞。

在行前看了些極限挑戰的書，內容難免都會提到這過程中對肉體的折磨，閱讀時我心想，如果有一天回憶起徒步環臺時，絕不會說有多累多苦，畢竟這是自找的，結果現在回想起這段還是「破功」了，

因為實在好～痛～啊！

　　好不容易撐到後龍，隨便找了家簡單的旅社，趕緊讓腳歇著，問櫃台老闆娘附近有沒有皮膚科？

　　在此之前，因每一步撐著走，所以也一直在看何處有皮膚科可投醫。但走了不少鄉鎮，就是看不到皮膚科的招牌。

　　所以，剛剛好奇的跟旅館老闆娘提出這個疑問，她卻一臉生平首次聽到這三個字的表情，然後說地方上不可能有這種專科的啦！

　　想想似乎如此，一路上不但看不到皮膚科，也沒有眼科，倒是見過一兩家牙科（畢竟人的牙齒還是比較多）。老闆娘又補充說，即使有這種專科醫生，應該也只是一週看個一兩天而已，然後附近各地輪流看，不可能開個固定診所。

　　「一星期只看一兩天，那其他時間生病怎麼辦？」我問。

「那就不要生病啊！」老闆娘苦笑說。

如果沒有走進臺灣，永遠都會以臺北看天下吧？

就寢前照例撥電話回家，然後跟老婆說腳的狀況，我太太應該是全臺灣最聰明的女人，我是這麼覺得啦。話筒那端聽到我腳的狀況時，如果她說：「誰叫你愛，活該。」我也沒辦法回嘴，但她沒有，反而跟我建議該如何處理，怎樣減緩它的疼痛感，當下其實是想哭的激動。

事實上，出發前裝備的添購，衣物的選擇，都是她在旁給建議。身邊的人想完成的夢想，全力支持他完成，而不是冷言冷語潑冷水，這就是我說她聰明之處。

更早之前，當我決定把經營十年、還算有一定成就的運動媒體無償讓給他人，而不是留著等兒子接班，太太也沒有二話，全力支持我的選擇，這是令人感動的。

一顆暖暖的心

以前一直認為全臺灣最忙最累，應該拿最多錢的工作，是幼兒園老師，能搞定這麼多小小兵、做那麼多事，而且還要起個大早上班。

我覺得每個老師都是超人，這是我對女兒那幾年上幼兒園的最大感想。

如今的超人，應該換便利商店櫃台後的那群人來當了。

我真不知道他們那幾小時的當班時間，到底要做多少事？收、刷、拿、寄、煮……這些動詞不斷出現在他們身上，而且強的是多數人都保持笑容，這到底是如何要求，怎麼辦到的？更難得的是，他們還有一顆暖暖的心。

那是發生在往通霄路上，一路起伏加重了腳的負擔，也感覺背包的重量愈來愈沉，重量主要來自加起來有三公斤的單人帳棚及睡袋，為了減輕負擔，決定把它們寄回家，因為往後若都投宿旅店，自然用不到。

　　就這麼辦吧！如果看到第一家超商就將這兩件重物打包回府。

　　這麼想後大概走了一公里，見左方就有便利商店，走進門告知女店員我的需求，整個寄送過程幾分鐘就解決了，記得一直笑著的店員在封箱前還問我：「確定嗎？寄出去不能後悔喔！」我笑笑搖頭付錢後，順便找位置趁機休息一下。

　　不久叮咚門響走進一位移工，她手拿一張紅單，用像似又彷彿不是國語的國語，想向店員表達些什麼，但店員聽不懂，包括我或再找十個人也不知她要幹嘛。

　　店員只好用肢體語言，加上簡單英語溝通，不過效果依然有限，最後店員從她手指單子的位置猜出端倪，那位置應該是收信人的地址，店員用手掌左右搖搖：「沒收到？」移工用力點頭。

　　那時我剛起身往櫃台方向走，看有什麼可以幫的，但聽到沒收到，又看到移工點頭，我想事情就結束了，沒收到就是沒收到，又不關店員的事，我是這麼想的。

　　但沒有喔，有一顆暖心的店員從移工手中拿回收執聯，比打電話的手勢說要問問看，結果她就真的一通通電話打到貨運總公司，再轉接貨運站去追蹤貨品下落。

　　此時我在想，她這麼熱心追查，如果剛好有客人進來怎麼辦？那時我是很認真的思考過一個方法，就是她招呼客人我來接手打電話，呵。還好這段時間一個人都沒有，店員也順利打完了，同時找到答案，似乎是移工請人寫的地址還有電話都有誤，所以該到的時間沒能

寄達。

後續如何解決我沒有聽得很清楚，只是覺得這店員也太暖心了吧！當班的時間，要處理的事情這麼多，不是她造成的錯誤也這麼幫忙，對初到臺灣不久（從她的中文去判斷）的這位移工，想必是個極佳印象的開始吧！我們常說臺灣人對外國人很友善，但不客氣的說，那還得看是什麼地方來的外國人，說起我們對移工的態度，有時是令人搖頭不已的，但今天這位店員如此熱心，總算讓人見到臺灣人最良善的一面。

叮咚！門再響起，那是我離開的聲音，都忘了原本只是來寄包裹的，卻見到一幕最美的風景。

DAY08 光是看招牌，
就覺得耳朵很舒服

大甲，這個地方對我而言，真是愛恨交加啊！

又得從上次腳踏車環島說起，環島才第一天，夥伴就把目標設定從板橋到大甲，當時以為才一百公里出頭，殊不知完全低估了大甲的位置，所謂一百公里出頭，指的只是大甲邊緣，真正的大甲市區還有十幾公里距離，所以最後那十幾公里，真是騎得又餓又累，往後夥伴講到路程有多遠時都說：「像大甲一樣遠。」

為了紀念大甲行，有收集星巴克城市杯習慣的我，還特別去買了款大甲杯以茲紀念。

所以我也愛大甲，那是一種完成到南部一半距離的成就感。

這回徒步到了大甲，時間不算太晚，照說這是觀光地區，飯店可選擇性應很高，能夠好好挑一間不錯的，但最終還是率性地隨便選了家就在鎮瀾宮旁的旅社。

付錢拿鑰匙進房，一看還是「中雷」，出發前兒子提醒我到大甲，千萬

不要去住某某飯店，因為很破舊，結果到大甲就忘了這件事，此時才想起，再看鑰匙門牌上的飯店名，啊！不就是這一家嗎？既來之則安之，一看時間差不多了，就出門覓食，順便逛逛鎮瀾宮。

出飯店後看到有條特殊的「蔣公路」，心想大甲人也太巴結了吧！大溪都沒有搞一條紀念蔣介石的「蔣公路」，居然在中部，和蔣介石沒什麼關係的大甲，弄出條什麼「蔣公路」來。後來才知道此一路名，是為了紀念數百年前鄭成功部下蔣毅庵駐紮此地努力開發而來，但也另有人說是紀念蔣渭水，不過以地緣關係似乎說不通。總之，此「蔣公」非彼「蔣公」是肯定的。

鎮瀾宮旁還有令人驚喜處，是有 Ibike可借，對用雙腳走了一星期的人而言，有車可騎真太棒了，腳踏著輪子就轉，突然覺得速度超快，呵！

在大甲鎮小繞了一下，看不到什麼令人特別開胃的東西，最後轉回鎮瀾宮前，挑了家號稱有美食節目介紹的小攤，一口咬下，哇！真的不怎麼樣，我強烈懷疑美食節目主持人吃的和我是同一份，再次證明凡美食節目介紹的，就……就不用太認真看待，認真你就輸了。反而是在走到大甲鎮前，到一家不知名的小店吃的芋頭冰，那一口咬下

的感覺才叫做讚。

　　吃完不怎麼樣的一餐，走出來看到對面有「淨車」的廣告看板，走近前去研究一下，不知是否黃昏時刻或其他因素，沒有車上門淨，只好看著文字還有電視播放的新聞宣傳影片，看能不能搞懂是怎麼回事，最後得出的結論是，你要將車開來，「師父」拿著燃燒的金紙，一邊唸咒語邊繞著車子走，「師父」會在車子各處唸一遍繞一遍，二十分鐘就結束淨車儀式。

　　這大概是一種有拜有保庇的觀念，淨一次可能開起車來也比較安心，但淨完就超速、酒駕，應該誰也保不了你，就像不唸書想靠拜拜過關，實在說不過去。

　　啊～我又像上年紀的人一樣喋喋不休了，但毫無疑問這又是個供需市場的另類經濟活動，雖然廟方一直強調這種淨車儀式和他們無關。想想出臺北後短短一個禮拜，一路上還真見識到不少特異的經濟活動，像大甲街上就有家掛著鮮紅招牌的店，招牌上有個耳朵圖形，旁邊大大的寫著簡單三個字：「掏耳朵」，小時候上理髮店，常見大人在躺椅上，用超亮燈泡照著，被師傅掏著耳朵，感覺好像很舒服。結果現在光是看招牌，就覺得耳朵很舒服，不知什麼道理。

　　然後是之前出了關西鎮不久，事實上是往後一路南下又見到兩三次，一個簡單

鐵板掛牆上，噴上幾個字「離婚095xxxxxxx」我在猜，應該是想離婚的人，可以花錢請他當證人之類，後來又多想了些，會不會中南部外配多，所以這方面的需求也相對高？後來去請教律師朋友，他說法律規定離婚必須要有證人來證明雙方都同意，所以才有這種行業產生吧！他強調法院有時也會查這種收費的證人有沒有效力，但顯然沒有認真執行，否則廣告不會那麼頻繁出現。

另外也在路旁見過，一大片空地上，擺放大小不同彷彿土地公廟般的嶄新廟宇，但裡頭空無一物，只是有大有小排列一起待價而沽，很特別，應該歸類為廟宇的 Costco 吧。

鎮瀾宮前有人擺攤淨車，想必看上的是這裡滿滿的人潮。記得之前看過新聞報導，農曆年期間，光是安太歲、點光明燈，加上香油錢，鎮瀾宮保守估計就收入上億元。

這代表鎮瀾宮能吸引信徒，鼎盛的香火帶來人潮，還有企業化經營也帶來錢潮。

看到廟中有個「機台」十分有趣，「機台」上方有個媽祖手持悠遊卡的漫畫圖像，下頭有簡略文字說明：平放五秒、每感應一次扣款五十元，這真是可以快速樂捐、對大家都方便的新鮮途徑，也是廟方可以迅速入帳的方式。喔！對了，又一次證明「嗶」一聲的悠遊卡，

的確好用。

　　這是利用科技增加收入的方式，再看看廟外直營的商店，也能跟上這幾年的文創風，店內媽祖可以化身各式各樣形態，出現在各種商品上，至於有無價值、是不是文創，就看你願不願掏錢買了。

　　廟外靠滿滿人潮做生意的不只是淨車，還有賣香燭金紙的阿桑，手搖飲料店、餅店等，以及賣麻糬的阿公。

　　聽說這位阿公，在大甲鎮瀾宮旁賣了一輩子的麻糬。「一輩子」對於一位超過八十歲的老人而言，是令人好奇的三個字。

　　我問阿公真的站在這個麻糬攤前一世人了嗎？

　　阿公說年輕時他是賣冰的，沒想到後面卻引來另一句，阿公說早年賣冰時，旁邊的攤子正是目前頂頂大名「裕珍馨」第一代擺的攤子。

　　「彼時陣他小小的一攤。」阿公說。

　　當然我不會那麼白目地問，怎麼後來兩個人差那麼多？

　　就像碰到很多打過棒球的人，他們常會跟我提到某某大球星以前是他同隊隊友，我就喔一聲而已，不會加一句「那怎麼你現在這樣？」我沒問，倒是常碰到這樣的情況，說的人一直強調他以前比大球星屬害多了，人如果總活在回憶中，

我們也是不忍心打斷人家的。

　　所以我也沒問阿公，倒是阿公自己說：「後來，伊後生退伍接來做」簡單一句話輕輕帶過，而且講這句話時，阿公臉上沒什麼特別表情。

　　也許對阿公來說，如果有什麼感慨、有什麼情緒，那也是「一輩子」那麼久以前的事了。

　　時也命也，人生不就是這麼一回事？八十三歲的他，也許是這麼想的。

這種鳥不生蛋的地方
怎麼可能有？

揮別大甲那一早，交出房門鑰匙，櫃台卻給我一包含飲料的早餐，想說不是沒附早餐嗎？結果是在大甲捷安特總公司上班的慢壘隊隊友小琥的美意；其實昨晚他就跑來了，可惜我有點累沒聊到什麼，沒想到隔一夜還要上班的他卻送來早餐，不過也好像不意外，在球隊中他就是出了名的暖男，如果你對臺灣最高學府畢業的人，有任何偏見的話，那小琥顯然是會導正你印象的那個人。

會提到早餐，是因為前兩天起床出門找吃的，看到巷口的早午餐招牌，心想就這裡，沒想到走進去才發現，這時應該用那種騙點閱率的形容，真是驚呆了，原來所謂早午餐是炒麵、魯肉飯、豬血湯……也就是早上中午都可以吃的東西，誰跟你說非是西式麵包不可？又長知識了。

所以有人送早餐，不必花時間找真的是很棒的事。

吃完早餐往下走是清水、沙鹿，今天終點目標是龍井，大約二十五公里。途中有球迷騎機車追了上來，他說已經追了一段路才看

到我，真感謝他的熱情，然後我們就在路邊小聊了一下，聊對方的看球史，結果卻又是一陣感慨。他說小時候是三商虎球迷，所以他的心願是大學能唸臺北的學校，就可以就近看球，接下來上班多賺點錢再買虎隊商品，之後有了小孩還可以帶他們去看三商的比賽，但最後一切都走樣、都變了，他也轉而去看美國職棒，一樣是看棒球賽，那份感情應該不一樣，但我沒有問。

告別了球迷一路往南走，我想在龍井過夜，但事與願違，這又是個臺北看天下犯下的錯誤，以為有鄉鎮自然有住宿的地方。

好不容易找到龍井火車站，問站務人員這附近有旅館嗎？站務人員瞪大眼睛看著我，不知他在這裡服務多久，但肯定是第一次聽到這個問題，他是這麼回的：「這種鳥不生蛋的地方（顯然他不是當地人）怎麼可能有？」

那可怎麼辦？睡袋帳棚都寄回家了，倒是站務大哥此時幫我出了個主意，他說彰化肯定有住的地方，可以坐火車到彰化過夜，明早再坐回來，從此處再走。嗯！也不失為變通的好辦法，只是會創下離開家門後，首次不靠雙腳點到點的移動，但實在也沒有辦法。

雖然沒有過夜就得離開，但到龍井也不算白跑一趟，至少在進入龍井街上前，經過一片翠綠的稻田，那個美是不輸伯朗大道的，甚至超過，因為沒有觀光客只有我一人穿越其間，很棒！

已然進入穿越劇模式，
回到美好的八九○年代

　　彰化到了，彰化到了！區間車送我到彰化，找睡覺地方之前先找到魏健佑，原本和他約在另一地，既然彰化火車站目標明顯，就和他在此共進晚餐。

　　魏健佑是土生土長彰化人，但他和一般臺灣年輕人很不相同，他前一份工作在親民黨組織部，工作之外著迷李敖的文采及行事風格。

這樣的一位年輕人，說他偏統嗎？也不盡然。會選親民黨工作，只因為當里長的爺爺，在他很小的時候老是說宋省長有多好有多好，所以他有機會想替主席做些什麼，再者唸政研所的他，一直認為臺灣藍綠之外應該還有第三種選擇，所以他投入了政治圈。五年後的今天他離開了，魏健佑雖然從未吐露失望之情，但臺灣顯然還是非藍即綠，而當年的偶像，似乎保持距離看起來比較美好。另一個事實是，臺灣果然是個抹煞青年熱情的好地方。

　　這是魏健佑不能改變、也是我無能為力的現狀，我能做的就是顧好自己，趕緊找地方睡下才是。隨

便找了家巷內的賓館，不過看裝潢，過去應該也曾風光一陣子才是。

不過今天有點不同，別人家都是一手交錢一手交房鑰匙就完事，這家賓館卻是把鑰匙拿給服務生，讓她領我上去，有這麼慎重嗎？我心裡想。

一路上她一定要我稱呼她「阿姐」，雖然我看起來可能比她年紀稍長。但出門在外，嘴巴甜一點總不是壞事。

打開門後，阿姐跟我說的第一句話是：「你需要什麼服務都可以找我。」從這句意味微妙的話，我聽得出來阿姐說的服務好像還包括了別的什麼。

也難怪櫃台明明給我鑰匙即可，卻偏偏要阿姐帶我到房間親自開門。

既然阿姐都問了，也不好不回答，我笑笑地說：「你看我這身累成這樣，甘有需要？」

她笑了，但沒有轉身就走，而是問我這一大背包是要去哪？

我告知她，我正在徒步環島。阿姐聽到後眼睛瞪得比燈泡還大，她以為她這一生已經見識了各色人等、絕沒想到還有我這種精神異常的。

不過話匣子打開了，換我問阿姐當內將多久了？

「從小姐做到現在都當嬤了。」

能在一個行業待了二三十年，如果不了解也說不過去，所以我問：「現在賓館好做嗎？」

「都靠外勞啦！」

「是喔？」

「嘿啊！平日還好，假日人有夠多，不過單純啦！他們來就是付錢做，做完就走，不吵不鬧的，我們就把房間整整，很單純啦！」

「那之前不是有陸客團，你們都沒賺到？」

「阿六仔整團不會來我們這種賓館，不過之前是有一些啦！每次兩三個，住一兩個星期就走。」

「來做生意喔？」

「做生意？做詐騙啦！」

「是喔？」

阿姐似乎是職業習慣，或擔心瓜田李下，她左肩一直倚靠在打開的門側，我則是坐在幾公尺外的床沿和她對話，非常奇特的畫面，但阿姐的嘴始終沒有停。

「你不知道這些阿六仔，一大早就去我們旁邊菜市場，有賣中藥，有算命的，反正就騙騙我們臺灣人，後來我發現這些阿六仔很厲害喔！他們自己帶那種插電的鍋子在房間煮飯，出門的時候還會把鍋子收得好好的，實在有厲害。」

「後來呢？」

「好像有被抓的，有的騙不下去就不見了。」

「在這之前賓館靠什麼？」

我的問題顯然讓阿姐的眼睛亮起來了，已然進入自身的穿越劇模式，身體對著我，精神回到美好的八九〇年代。

「以前賓館剛開我就來了，附近雖說同業也不少，不過這裡有火車站有台汽客運，地點好，大家生意都好，那時休息的客人多，叫小姐也多……」

「叫小姐喔？」

「嘿啊！」

「所以你那時候也賺不少吧！」

「是不少啦！總是努力介紹，加減賺。」

但所謂高收所得也常伴隨高風險，我沒有直接問，阿姐就說了段被「坑」的往事。

「有一日有個客人來說要叫小姐，我就介紹給他，誰知沒多久警察就來臨檢，哪有這麼剛好，原來都是串通好的。」

「這樣不行吧！我聽說這是違法的。」

「我那時怎麼知道這麼多，有人是這麼講，但我怕得要死，就乖乖跟著走，最後被罰了九萬。」

「九萬？」

「嘿啊！」

「那……」

「也沒辦法，就繼續賺，不過想想那時候小姐也辛苦啦！」

怎麼個辛苦法其實可以想像，所以也不好問。倒是阿姐主動說起A、B警察釣魚的往事，足見近三十年的內將生涯，這九萬對她來說有多痛。

由於賓館景氣不如以往，阿姐現的工作是「一做一休」。隔天我啟程往鹿港前，要交回房門鑰匙時已不見阿姐蹤影，但看著櫃台褪卻的顏色、昏暗的燈光，牆上掛著各種房型，但光彩不再的照片，只能暗暗在心裡說：「阿姐加油了！」

走出賓館，在彰化火車站前想飽餐一頓。有位阿婆迎面向我走來，步伐像慢動作重播，她問我要不要買蔬菜水果，以我身上背包的重量，實在幫不上忙。

但阿婆說加減交關一下。

實在不忍心就買了一串蕉，130元。

問阿婆幾歲，滿臉風霜的她說 86，又接著說，一大早從永靖搭車到彰化，推著菜籃車沿路販賣，說香蕉是家裡後院種的，菜是跟別

人批來的。

「你後生呢？」

「在臺北，之前說是在幫別人掃地，現在不知在做什麼。久久才回家一次，給我個三五百，怎麼夠用？」

看著她講話的身影，和我媽媽一樣的年紀，怎能不心疼。

我說兩百元不用找了，阿婆說：「袂使啦！」

臨走前問了一下速食店的服務生，阿婆是不是常來賣東西，年輕的弟弟說：「對啊！但好像都沒人買。」

也許各位未來路過彰化火車站附近，看到這生活困窘，臉上卻掛著笑容的身影，可以交關一下。

人生不如意十之八九，
所以現實社會我們只有一成打擊率，
失敗是正常的，
不被擊倒總有下一次

所有臺灣年輕人，加油！

鹿港現在已不是小鎮了，據說當年羅大佑在唱〈鹿港小鎮〉時，根本沒來過這個地方，沒來過還能將這首歌唱成經典，也是很猛的一件事，倒也不能怪羅大佑沒來過，在我念大學那年代，鹿港是個遙遠、文化與宗教兼具，還略帶點神秘的地方，那時候中文系學會辦了個鹿港之旅，還特地租了好幾台遊覽車前往，慎重極了。

現在的鹿港不一樣了，是個新舊並陳的地方，行腳到此我打算在這裡多住一天，讓走了百公里的腳歇一下，所以選了個看起來還不錯的民宿，結果民宿就座落在摸乳巷旁，很潮的民宿旁是有古味的摸乳巷，很符合當前的「鹿港風」。

新舊並陳外還可以一提的是「王岡麵線糊」，美食作家舒國治在他的《臺灣小吃行腳》一書，提到這家店，不過他當年是在角落棚子裡吃的，現在他們已經有店面了，生意一樣好。

我旁邊正好有桌客人，聽口音是陸客，大家都吃，只有一人面前空空，一個大媽大聲吆喝臺灣地陪去另找吃的，邊叫還喊了句「我不吃這種東西」，這種話聽在老闆耳裡想必很刺耳吧，但，這也許就是他們向來的口氣，習慣它吧！

聽說王岡麵線是創始人王朝陽六十年前從宜蘭徒步到鹿港，憑著家鄉吃過麵線的滋味開始賣起。從宜蘭徒步到鹿港看來是比我猛多了。不過要強調的是，這六十年的老字號店面旁不遠處，有個極新極有創意的小車，這是我說的另一新舊並陳處。

一看那車你一定會被吸引過去，好可愛的小車，感覺應該出現在臺北忠孝東路上，而不是有古味的鹿港，然後可愛小車賣的又是我女

兒超愛的雞蛋糕，一定要把錢掏出來的啊！

買了包原味的，35元。

拿到手又是另一驚喜，卡娃伊。

不論創意小車車，或可愛的雞蛋糕，好啦，包括妹妹老闆娘的外型，放在臺北任何地方都極具競爭力，不過她卻選擇回老家菜市場旁擺攤。

妹妹老闆娘說她姓粘，跟她的攤車一樣特別，而且強調這個姓在鹿港等中部少數地方，比較會碰到。在成為老闆之前，她在飯店服務過，也和其他臺灣年輕人一樣，曾到澳洲打工遊學。

回台後想著做點什麼，最後決定回家創業，小車車還有其他的生財工具，都來自於本身的創意，大家看了很喜歡，自己也滿意。

像粘妹妹這樣的選擇，近來在臺灣各地不算稀奇，很多年輕人回老家落根，做不了大事，小確幸也好。

有不少人批評這種小確幸是不長進的心態。但中國旅遊作家凌懿說得非常非常好：如果能大確幸，誰願意只有小確幸？

粘妹妹還有所有臺灣年輕人，加油！

真的是很棒很有創意的小車。但無論如何我還是喜歡到處

晃晃，去看鹿港的「老」，那
是只屬於當地特有的古意。鹿
港特有的，還有他們講起話來
的腔調。原本我都忘了鹿港人
和宜蘭人一樣，講閩南語有他
們獨特的口音，一直到我去民
族路上的「朝和餅舖」和第二
代的頭家娘聊天時，才想到這
有趣的口音。

　　因為看到有點年歲的頭家
娘站在櫃台後事必躬親，連客
人要宅配的包裹，她都自己打
包，不像其他頭家一樣穿金戴銀的站在一旁指揮。

　　所以就問她：「啊你都自己來喔？」

　　她就說這是他們餅行八十年來的傳統，凡事都要自己來，即便現
在傳到第三代她兒子手裡，她也要求他們從大學畢業後，要從工廠最
基層開始做起，小孩子不能太享受，要多吃苦才能成長，然後她又說
包括現在他們的餅也不假手代工，一切都自己來。

　　可能聊得太開心了，然後就說到為何鹿港以製餅聞名，典故為何
等，很有趣的內容。不過有些話是用猜的，因為傳進耳朵有濃濃的鹿
港腔，不是太了解原意，但有些因為重複，所以可以猜出「你」是發
「汝」的音，「剪刀」是講「剪輪」，好像是這樣吧！其他就有點難
了，但頭家娘平易近人的親切感，著實令人難忘。

爬起來比跌倒多一次，你就成功了

依靠它維持生活家計的那些人去了哪裡？

　　離開鹿港後有條員鹿路，兩旁毫無景觀可言，這一天高溫逼近三十度，感覺柏油路面快燃燒起來，我的臉像西北雨淋過，但沒有清涼感而是汗如雨下，非常不舒服，只想找個地方休息。

　　但讓我停下腳步的，不是到了休息點，而是一家小型工廠，是那個動作吸引了我：形單影隻的一個人立於工作台前，台面上有數排空燭台，她就一次拿一支燭芯往裡頭擺，再不斷重複此一動作，這麼大熱天的，實在辛苦。

　　雖然可以猜出在做什麼，還是就近問這是什麼樣的產品製作步驟，她告訴我這是做香燭台，她是第一關，接著下來是填蠟，然後是「@%&X……（專業名詞完全聽不懂）」，最後冷卻三四小時就完成了。

　　這家名為「慶興」的蠟燭廠，和我談話的正是第二代負責人林小姐，老闆親自在第一線做這麼吃重的工作，顯然經營有其辛苦一面。

　　聊的話題就從此處開始，林小姐說和過往比較，如今產值差很多，主要是現代家庭，尤其是年輕人比較沒有放置香案的習慣，加上中國競爭，所以規模日漸下滑中，主要客源來自於各地的宮廟及慶典活動。

　　儘管如此，目前工廠還是維持十人左右的員工數，問林小姐有考慮移工，或年輕的打工族，以降低成本嗎？林小姐的回答是移工雖然便宜，但還是希望把工作機會留給本地的臺灣人，至於年輕人，林小姐笑笑地說：「泡沫紅茶打工比較涼，我們這裡要曬太陽。」

勞力短缺，中國競爭，還有傳產沒落，這現象是今天才知道的嗎？其實不是，過去媒體報導早就沸沸揚揚，但我都選擇性忽略，頂多看看標題，事不關己不是嗎？但今天眼見為憑，的確被震撼到了；其實這一路上，慶興蠟燭廠算是不錯的，至少招牌、老闆、員工、產品都還在。但從臺三線開始一路看了不少人去廠空的樓房，只剩下門

口不知哪裡來的小黑狗對我狂吠而已。那感覺真像目睹被轟炸過後的戰地，滿目瘡痍。

雖然很難不正視，但又如何？我無力無法去解決，只能再往前踏步。這麼多荒廢的廠房，原來依靠它維持生活家計的那些人去了哪裡？愈想鹿港的路就愈來愈遠，步伐也愈來愈沉重了。

不要害怕三振，不揮棒什麼事都不會發生

跨過這橋
代表我已經走到南部了

DAY 13

余光中寫過一句話:「橋真是奇妙的東西。它架在兩岸,原為過渡而設,但是人上了橋,卻不急於趕赴對岸,反而耽賞風景起來。」(余光中〈橋跨黃金城——記布拉格〉),這段話真是說出我即將踏上西螺大橋的心情,這條橋其實是特別的,小學課本把它寫得很厲害,說是「遠東第一大橋」,遠東到底有多大,沒什麼概念,總之是臺灣很偉大的建築工程就對了。然後這橋叫「西螺大橋」,講到西螺,更不得了,我們這個年代的小朋友,看過《西螺七劍》這部連續劇的人,大概跟看過布袋戲史艷文一樣多,不過是哪七劍?好像也沒幾個人搞清楚,只知道阿善師還有那裡的人都武功超強,能飛天遁地那種,所以對西螺此地景仰之情就如滔滔江水。

儘管後來西螺一詞與醬油畫上同義,但走過西螺總想多看一眼,上回經過西螺大橋是腳踏車環島,可惜速度太快,沒看幾眼就咻一聲而過,但這回是徒步,很是期待,而且我運氣很好,經過的這一天,雲林縣政府正在辦活動,除行人之外,是個封橋狀態,所以走起來更愜意。從橋頭慢慢晃到橋尾,濁水溪就在腳下流過,感覺很奇妙,長久以來我們似乎就是以濁水溪劃分臺灣南北,據說十六世紀歐洲人繪製臺灣地圖時,誤以為濁水溪橫斷臺灣,所以把這個島畫成南北兩大塊。之前做 Kano口述歷史時,那個年代有一種說法是臺灣高校棒球冠軍旗從不跨過濁水溪,意思是北部總拿第一;另外,聽過一種北壁虎不叫,南壁虎會叫的說法嗎?壁虎會不會叫的分界就以濁水溪為線。

　　所以跨過這橋就代表我已經走到南部了，可喜可賀。

　　慢慢走過橋後，像嘉年華的縣政府活動正進行中，台上白頭髮的縣長正在大力宣揚他的政績，我沒料到橋這一頭就直接連到鎮上了，雖然不怎麼喜歡逛老街，但西螺延平老街算是特別的，至少有老醬油行，只是我在想現今超市都可以買到他們的商品，還會有人來交關嗎？這只是我的疑問而已。倒是延平街尾（或是頭？）有個東市場，也走古蹟活化風，弄得頗有文創味，值得一逛。

　　但走出東市場就妙了，市場口有家不知賣什麼的店，店門口兩個男的在泡茶，就聽到店內不斷有女子的咆哮、怒罵聲，聲聲入耳，但門口兩男依舊文風不動，繼續喝茶對飲中，不久，真的不誇張，一把塑膠椅從店裡飛出來，然後二男之一就破口大罵「@#%&～」衝進去，好嚇人的一幕啊！

　　就在我驚魂未定轉身走後一段路，有個大叔叫住我，他看我背包上徒步環島的布條，問我走了幾天？要準備什麼？要注意什麼等等問題，其實在這之前，也碰過有人問我差不多的問題，很有趣的都是以中年人居多，想必這個年紀，人生到一個階段，事業位置上不去，年齡、身心狀況卻往下走，總想找些事證明自己吧！無怪乎那麼多阿伯騎重機，這回再有人問我徒步行，我還是一一如實回答，大叔就說：「我也好想徒步環島啊！」一旁顯然是他老婆的女性接口道：「你只會出一張嘴啦！能從這裡走到彰化，我就輸你。」

　　哇！不到十分鐘，走在西螺沒看見傳統的阿善師武功，倒見識到兩位動手及動口的人妻，真是氣勢驚人，也算不虛此行啊！

走不太動時不妨往後看看

我常開玩笑跟人家說徒步環島其實很簡單，出發地及終點都知道了，只要想辦法把中間填滿就好。事實當然不是如此，要挑戰的東西很多，首先自然就是體力，過了西螺之後，身體狀況已經能適應每日行走的感覺，惱人的水泡也不見了，此時差不多知道自己一天的平均距離和速度在哪裡。

包括休息用餐的時間，如果八點開始出發，希望在天黑前到達目的地，尤其冬天日落時間早，一天大概走二十五公里，每公里平均速度落在十五分鐘左右，每五公里休息一次，每一次停下來希望不超過二十分鐘，這是走了好一段時間後得出最適合自己的數字，當然也會根據目的地是否有住宿而增減。

每天二十五公里的持續前進，對一直保持運動習慣的我，這方面適應還可以；另外，如果要挑戰這種超過一個月以上的徒步環島，規律的生活頗為重要，我自覺周遭朋友當中恐怕沒人比我更紀律化的過每一天，晚上十一點前就進入「螢幕保護程式」，身心完全關機，以前公司白板上有我手機號碼，電話旁卻有幾個大字「晚上十點後勿打」。

所以，在規律的生活前提下，每晚固定時間就寢，固定幾點起床準備出發，走這段長途旅行，應不至於有所謂適應問題。如果之前是夜貓子生活形態，還得調整作息，一旦調不動就影響睡眠，睡不好連帶明天體力受牽連，那就舉步維艱了。

體力之外，相信走過的人都同意一件事，意志力才是路程能完成的最大關鍵，試想每天不間斷一直走一直走，但一整天只能推進機車

行進不到一小時的距離，然後日復一日，不知何時能到的感覺是挺折磨人的，尤其是面對空無一人，一眼望去又是無止境的漫漫長路時，如何打起精神往前跨步，是需要些精神力的。我的做法，其實是參加全馬及三鐵得出的經驗，那就是走不太動時不妨往後看看，你會發現自以為進度緩慢的路程，一小步一小步的踩，居然已經走了如此之遠，不騙你，絕對會令你精神為之一振。

還有一種考驗意志力的，是外在的誘惑：可以坐上去就少一大段距離的公車站牌，還有臺灣人的善良，不管走到哪，都有人主動問你要不要搭便車，尤其在你走累時，還得笑笑跟對方說謝謝不用，真的不簡單，聽說有些人在環島時為避免困擾，乾脆在背包掛上「請勿載我」，想想也是不錯的方法。

當我快走到虎尾，這是第一次發生，也不知算不算另類「誘惑」，我依照 Google 的路線，要走到虎尾街上，但離早上出發至今，已將近八個小時了，「虎尾」地名指示標誌也早就通過，手機卻顯示離鎮上還有五六公里，怎麼回事呢？但還是跟著走下去，不過感覺真的跟之前不太一樣，不像走在省道上倒像在走外環道，走著走著竟然看到高鐵站，這時我想，如果搭上去一路往北，走了十天的路程只要一個多小時後就到家，洗個熱水澡好好睡上一覺，明天再回來好像是不錯的點子喔！這實在是太誘人的想法了，但也只是想想而已，什麼是高鐵站？我視而不見，再起步走吧！

其實徒步環島這件事，從發想起就是自己的事，沒有人逼，也沒有人盯著你看，更沒有路跑活動那種檢查點，自己走了多少？如何完成？只存乎於心，只有你自己最清楚，要騙也只是騙到自己。

走到虎尾街上天色已晚，比預計的時間稍微延遲了些，乾脆先找吃的再找睡的，然後就看到一家怪怪的餐廳，FOX主播侯以理曾說她

們臺南老家東西隨便找都好吃，但要找好吃中的好吃，那就得攤子不起眼，甚至感覺有點髒有點亂，老闆的臉也夠臭，符合這兩點的店絕對好吃。

所以看這家店面怪怪的攤子，雖不至於髒亂，但也不至於窗明几淨，走進去看到綁著馬尾長髮的老闆正在切東西，只抬頭看了我一眼沒打招呼，嗯！臉臭臭的有中。雖然店內一個客人都沒，有種很怕老闆生氣的恐懼感油然而生，趕緊坐下來，也不敢注視牆上菜單太久，看到第一行字馬上開口說：「那個，嗯～那個老闆，我要咖哩炒飯。」老闆繼續手起刀落沒抬頭只「嗯！」了一聲，我大呼了一口氣，趁老闆大鍋快炒時，瀏覽一下店中的擺設──牆上掛的，桌上擺的，角落放的，都是些他個人收藏，或有意義的紀念品吧！應該歸類於「亂中有序無等差之後現代前衛風」，加上老闆的馬尾裝扮，就胡亂想說不定是個流落民間失意的藝術家來著，這一想就通了嘛！你什麼時候看過藝術家會嘻皮笑臉站門口對你喊：「歡迎光臨，先生幾位？」給你臭臉只是剛好而已。

不苟言笑的酷老闆，把我點的咖哩炒飯端上桌，我是這樣想的，不管口味如何，快速完成吃完、給錢、走人三部曲，但當我湯匙一挖，把炒飯送入口後，周星馳再度上身：「太～好～吃～啦～」，三部曲只剩首部曲了，快速吃完立馬變細嚼慢嚥，實在太美味了，果然不起眼的攤子加臭臉老闆，是美食的最佳組合啊！

徒步環島想想不難，
知道開始與終點，剩下就是把中間填滿

會呼吸的 Google

從虎尾出發，今天有人陪走，是徒步以來首度有人陪，師大地理系林聖欽教授在八點前就等在飯店門口了。之前林老師和我沒有交情但有關係：他是我兒子學校的老師，而他的小舅子鄭又嘉之前是新聞同業，也是我前一本書《棒球驚嘆句2》的共同作者，鄭的太太李怡慧是 FOX 體育台新聞台總監更是熟識。

衝著這層關係，常透過訊息煩他，所幸有煩到他，否則不知走了多少冤枉路。這趟路可以說我是前線步兵，他是作戰部最佳參謀，會建議我走哪一線，要注意坡度風勢外，連各地美食都提到了。

正好這幾天他有會議要南下，所以選擇虎尾到北港這段路陪走，原本的雲端線上指導，變成一對一的現場地理教學。

第一課是從「五營廟」開始，之前走在西部沿線，常見路邊有小廟佇立，一開始以為是土地公廟，後來發現並不是，因為仔細一看廟裡頭並沒有土地公，反而只見幾支香插在香爐上，還有幾支旗子，林教授解釋那是「五營」，設立在村莊東西南北中的各個角落，然後每個方位還有不同顏色的旗幟表示，是保護村落的重要所在。

經他說明就完全解惑了，然後還記得走在路邊時一個不起眼圓石

塊，林教授主動停下來指著說，那是早年採收甘蔗後的壓汁工具「石車（蔗車）」，令人眼界大開。

當然這一路上他不只是傳道授業這些而已，今天的路程是虎尾、土庫到北港，二十幾公里的路感覺好快就過去，可惜我從小就是那種上課認真聽，下課忘光光，有印象沒記憶的學生，林教授博學，我當下多聞，但如今提筆已忘光光。

人說「一日為師終生為父」，我虛長林教授幾歲，雖然跟他充實上了一天地理課，想必他也不好以父自居，但卻有人真的這麼認為。

那是即將到達北港朝天宮之前差不多一兩公里的距離，我和林教授走在路上，一個資源回收的阿伯靠近來，阿伯問我們登山嗎？回答是徒步環島，從臺北走到這裡，阿伯聽到臺北，就急說他對板橋很熟，因為女兒嫁到板橋，以及女兒為什麼嫁到板橋，顯然他以為我們很有興趣，所以整整講了好幾分鐘，說著說著，他突然神來一問：「你們是父子嗎？」那一瞬間，原本三十度的北港空氣似乎凍結了，三分鐘像三小時那樣久，我們兩人都不敢主動問阿伯：「你覺得誰像老爸？」還好阿伯似乎不在意答案，他有那種不知與生俱來或是後天培養的自言自語能力，開始將內建的頻率轉到媽祖話題，他先問我們去過大甲嗎？回說有。會不會去朝天宮？回說當然，這下不得了，阿伯就開始長篇大論，如果我將阿伯說的都寫下，這本書可能要分上下冊。總之，阿伯大意就是鎮瀾宮不是名門正派，只有朝天宮才是，那邊只是在做生意，我們這頭才是規矩的，那邊媽祖出巡都先預定好路線，北港的是要依媽祖指示而走，吧啦吧啦……

但林教授畢竟為人師表，一邊走一邊聽，不顯不耐，偶爾還用極標準的閩南語回應幾句，算是媽祖交響曲中的休止符，我則負責配樂部份，走在前方，持續用扶手杖敲擊地面。

在交叉路口時，言猶未盡的阿伯總算不再同行，讓人好生鬆了一口氣，重點是在他轉彎前，林教授和我還是沒有人敢問：「那你覺得我們兩個誰比較像爸爸？」

　　晚上投宿在朝天宮後方不遠的旅館、坐鎮櫃台的老闆娘很熱情地端著柳丁盤要請我，不好意思地推辭了，因為想先去用餐。晚餐後去朝天宮逛逛，從正前方望去，整座廟宇已經夠金碧輝煌、耀眼奪目了，右方大樓上還有個超強超亮的投射燈，往廟方位置打更是氣勢驚人，好想跟阿伯說，比起鎮瀾宮，你們家的更是啵亮啊！

　　但這兩家在阿伯口中好像是川普和金正恩大對決的媽祖廟，其實相似點甚多，都是觀光勝地，當地經濟重鎮，更是政治中心。幾天前去鎮瀾宮無緣見到傳說中的「消波塊」，倒是踏進朝天宮，看到準備參選下屆新北市長的準候選人在此拜碼頭，從董事一字排開接待，大家行禮如儀地供媒體拍照。為什麼我會知道誰是朝天宮董事長，很簡單，因為，他們身上都穿著黑背心，黑背心上面有金黃刺繡，除非你目不識丁，否則背心上的字就明明白白告訴你他是何人什麼角色，這年頭連吃個熱炒都會碰到穿黑背心，上頭寫著「XX里長」的，實在見怪不怪，但人一定得靠外物去標誌自己名號，也是某種程度的悲哀就是了。

　　隔天，原本只打算陪走一日的林聖欽教授又出現了，他說時間尚早可以再陪我一段，順便帶我去看一個特別的地方，果真沒有他帶路還不行，那位置在北港溪床上，要先走堤防，再下溪床，穿過玉米田才能撥雲見日般地看到廢土堆中的廟宇，林教授解釋那是當年八七水災北港溪暴漲，一夕之間冲垮了民房，無家可歸者不計其數，原本保平安的廟宇也僅存一角，令人唏噓生命之無常。

　　看完水災肆虐的遺跡，也該是和林教授道別之時，這一天半的時

間真是獲益良多，也證實兒子之前跟我提過，關於林教授的傳說，他說師大地理系新生一來，他會問你住哪？你給他地名，林教授就會你說你們家附近有什麼……有些甚至是你自己都不一定知道的，以前對這個說法半信半疑，但十幾個小時相處下來，就完全相信面前這個人根本就是「會呼吸的 Google」。

　　事實上林教授一直以來都有徒步環島夢，但教學工作一直讓他抽不出時間，這兩天陪走算是提早做一下預習熱身，但問題是全島每一個地方他都這麼熟，尤其東部更是他論文著墨之處，這樣走起來會不會很無趣？都還沒往前踏，就知道接下來會看到什麼，好像在家裡散步一樣，你應該很清楚你家客廳及廚房位置還有擺設吧？

　　但無論如何，還是希望林聖欽教授早日完成他的徒步環島夢。

目標明確，速度再慢總會到達

感謝有你

離開北港往朴子方向前進,又回到一個人,但我期待快一點到朴子。

在屏東當兵的兒子昨天跟我聯絡說今天要在朴子和我會合,其實在此之前,原本要在鹿港等我,但沒有交通工具的他,要搭火車再轉公車到鹿港有點麻煩,朴子就方便多了。

但看到兒子之前,先見著常富寧,正巧他也要在朴子等我,陪我走兩天,就在我看到朴子標示牌那刻,也見到他高大的身影站在街口,我高舉雙手像迎接勝利般和他熱情打招呼,進而相互擁抱,這個轉播席上的老搭檔用行動支持,太令人感動了。

根據手機推薦,我們去吃真好味鴨肉飯,此時也聯絡上兒子了,三個人正好坐一桌。

兒子一見我,就說我十幾天沒刮的鬍碴好亂,等會兒去買刮鬍刀。其實是小事一件,但聽了莫名感動,所以席間常富寧就說,看得出來我心情特別好。

對於這孩子,我始終有種「愧疚」感。在他成長過程中,尤其幼年那段需要與爸爸相處的時間,家裡常不見我的身影,不是早出晚歸,要不就遠到新加坡轉播,小小年紀每當看到爸爸整理行李箱,就開始悶悶不樂,好幾次我跟他說:「爸爸要出門了喔!」他總是不發一語,背對著我揮揮小手。

在他心中或許這麼想,拉開父子距離的唯一東西就是棒球,那時我不察,他小學三四年級時去棒球夏令營,結果拍回來的照片,表情像是在納粹集中營。

我欠他一個「擁有父親」的童年，但這孩子卻未曾讓我煩心過，甚至沒花我什麼錢就一路大學畢業，或許這樣才更感慨，怎麼轉眼間就剃了個大光頭，進部隊了。

我一直期待這趟徒步之旅，兒子能陪我一起走，兒子是超級足球迷，現在也開始慢慢愛上棒球（尤其橫濱隊），平常會跟我分享運動賽事，我相信如果一起走下來，會有更多的話可以在路上說，只可惜現階段國家「需要」他，這條徒步之旅只好我自己一人上路。

雖然遺憾，但至少我們家哥哥，能在回部隊前來找我，已經讓老爸相當欣喜了，走在路上的步伐也登時輕盈了不少。

出發前我預想過最艱困的一段路線，絕對是楓港到臺東大武那段南迴山路，之前騎車環島經過這一段，尤其壽卡前的爬坡，真的可以用騎到快哭出來形容，結果實際走了，發現千想萬想，也料不到難題出現在嘉義朴子到臺南鹽水這一段。

這一段是臺十九線，已經十一月天了，但高溫絕對在三十度以上，沒走多久，汗就噴發而出，只得拿下太陽眼鏡擦汗，再戴回去，不久再重複這個動作。常富寧不知有沒有料到徒步要面臨這狀況，而且他的背包看起來不會比我輕，但他並沒有喊累叫苦，兩個人始終保持並排的姿勢前進中。

這一段路要對抗的不止是高溫，更是沿路沒有便利商店，第一個五公里沒有，第二個五公里也看不到，以臺灣便利商店的密集程度想

來，實在不可思議。

走著走著看見前方數百公尺外有個亮點。

「前面有全家便利商店。」我說。

常富寧說：「真假？你眼睛怎麼那麼好？」

「開玩笑，眼睛是我全身最好的部位。」

我們就帶著極期待的心情一路向前，一百、五十、二十公尺終於看見了，不是全家綠白招牌，而是藍色的省道路線標誌，原來人渴望到一個程度時，「海市蜃樓」就會出現。

雖然便利商店沒影，但水帶得夠，而我的習慣是不論哪一天，走哪一段，隨身背包裡一定放兩塊麵包，如果吃完再補充，有水有食物基本上比較不擔心，但完全沒有景觀又無止境的臺十九線，走起來還是讓人叫苦連天；畢竟是多年的老搭檔了，彼此都知道如何激勵對方，也有共同的話題，就像當年王建民熱潮時，動不動就做半夜轉播，有時播到一半，精神不濟球賽又平凡無奇時，真想拿耳機線勒死自己。這時常富寧就會拿出他的絕活，來段即席模仿或相聲秀，非得讓我笑出聲，提振精神不可。

所以我們就只是從轉播席換到省道旁而已，很累的我們先從聊天開始，聊大聯盟，聊大谷會去哪裡，再聊常富寧感興趣的重金屬樂團，聊到沒什麼話可講時，就把我們的大絕招拿出來，預先準備好的《那一夜，我們說相聲》系列音檔放出來，這些相聲段子對我們來說擁有彷彿周星馳電影般的魔力，不管聽幾百遍，聽到台詞都會背了，依然能笑出聲來，我們就這樣撐過這難捱的朴子到鹽水路段，「感謝有你」絕對是最真實的想法。

旅行的好處，
是讓你能做更大膽的事

臺南是很棒的地方，相信很多人都同意，當兵前在咖啡公司的高雄分公司上班，常送貨至臺南，對那個地方有一定的熟悉度，後來在職棒雜誌當記者，和臺南關係就更深了，那時候職棒剛成立四隊，雜誌需要四位記者，一人負責一隊，其中女生不方便出差，分配到味全龍和三商虎，我和另一位男記者只剩統一和兄弟，統一是唯一的南部球隊，所以要抽籤決定誰主跑獅隊，結果二分之一的機會我中籤。

接下來兩年，統一獅訓練、比賽都得跟，真的是三天兩頭跑臺南，那時臺南棒球場對面的綠豆湯還是個小攤，投手杜福明帶我去喝，美味極了，其他攤子他全熟門熟路，這也難怪，南英青棒隊出身的他根本就是府城通。

當然整個球隊對臺南熟的不止他一人，所以常跟不同選手到處吃吃喝喝，有回汪俊良開車載我去吃鱔魚意麵，大概就是那時被這黏稠料理吸引住，吃完要開車時，我突然有感而發地說：「你們臺南停車真方便。」記得他當時回我：「說不定過幾年車位就難找了。」

現在的臺南，不要說車位，連人站的位置都沒有，老一輩的當地人恐怕會疑惑哪來這麼多人，如今的臺南，假日人多到不行，但我對臺南還是有一定程度的好感，以前常想說不定哪天要搬來這裡住，如今人滿為患，早已打消念頭，但到臺南還是心情特好。尤其一路往南看到賴清德、候選人和賴清德合照的看板愈來愈多時，我知道臺南不遠了，所以從善化、新市、永康一路走來，兩邊商店林立，和之前的景觀大異其趣，似乎都快聞到鱔魚意麵的味道了。

說來不誇張，要我每天吃鱔魚意麵都可以。聽說臺北人討厭有甜味勾芡的意麵，只有當地人喜歡，但我真的獨愛這一味。

其實除了好吃之外，我應該也是屬於吃東西不挑的那種人，以前去新加坡工作時，可以連吃一星期的海南雞飯，直到今天我每天早上依然是一杯咖啡、麵包千年不變，這讓我想到之前在路上和常富寧聽的相聲段子，討論人的記性，問某年某月的早餐吃什麼，我立刻答了出來，但不是記性好，而是每年每天早餐都吃一樣，我差不多就是這種「好記性」的人。

在吃到意麵前先喝了一瓶酒，這瓶酒是有意義的，我算是滴酒不沾的人，年輕時常有人問我當記者沒學會喝酒，哪跑得出新聞，不過最終好像也沒什麼影響啊！朋友沒少一個，吃飯應酬時知道你不喝，也不會有人拿槍逼你。

說到這裡必須岔個題，高中時代唸職校，雖然是高中生但身邊菸槍不少，而我是不吞雲吐霧那一個，某天同學知我不抽菸故意拿菸逗我，結果被另一同學巴頭，還被吼了句：「你不知他不抽菸嗎？」巴人的是類似電影《艋舺》裡、有在混的那種，被巴的原本只是想跟我開個玩笑，結果被打了後敢怒不敢言，不，應該說完全不敢怒，很好笑。

再回到喝酒的話題，忘了在哪裡看過一句話：「旅行的好處，是讓你能做更大膽的事。」一路上我倒沒做什麼大膽的事，倒是平常完全不碰的食物，仗著一天四五千卡的熱量消耗吞了不少漢堡和油炸食物，算是對苦行僧式徒步生活的一點小獎賞。

所以，聽說夏天喝啤酒十分美味，不喝酒的我很難想像究竟有多美味，一直想試試，雖說現在不是夏天，但氣溫和夏天沒兩樣，加上和前一天不同的是，今天三步一店五步一家便利商店，到休息點時正好碰到一家，走了進去，被冷氣一吹實在太舒服，於是我走到大冰櫃前選飲料，沒有考慮，也毫無天人交戰，很自然拿了兩瓶啤酒，付完帳，擺在已經坐下來休息的常富寧面前，他的表情完全是驚嚇一百。

一口喝下時，沒有啤酒廣告演員那種痛快淋漓的誇張感，只覺得「原來是這樣」，跟我跑十公里後乾下一大口舒跑那種爽快感差很多，但嚐鮮後和期待值不同，會發出：「奇怪，為什麼那麼多人愛喝酒」的疑問嗎？不會，就像我們愛喝咖啡的人，也討厭別人對我們說：「奇怪，咖啡有什麼好喝的？」同理漫畫、手遊……有人著迷，就是有它的道理，局外人少說兩句吧！

但我這「局外人」卻常對很多事情充滿了好奇，快到臺南市時，見到一位少年仔騎一台非常炫的機車，然後在前面繞小圈後停下，少

年仔機車除了閃亮亮之外，前面斜板還突出一大塊，然後又接了條管子出來，想忽視都很難，年輕人停好車，我靠近他：「借問一下，你車子前面突出來那個是什麼？」原以為染金髮的年輕人會裝酷不理我，沒想到他馬上回答：「吼，這個就是冷卻用的喔，可以散熱！」

「這麼厲害。」

「你不知道……」

少年仔興頭顯然來了，或許從沒有人注意他或根本輕忽他，總之我應該是問到他最引以為傲的事了，他眼神閃亮地回答我。很多事情大概都是這樣，不接觸就主觀判斷，乍看是混混的卻可能有一顆你料不到的童心。這讓我又想到之前在過西螺不久，遇到一群跳八家將的年輕人，我被他們極特殊的裝扮所吸引，想幫他們拍照，結果這群孩子卻害羞起來，你推我、我推你的，非常有趣，這應該跟想像中好勇鬥狠的八家將有很大差距吧？

這一晚我總算如願吃到帶勾芡的鱔魚意麵，據說是當地人才知道

的攤子，這位當地人是常富寧的朋友 Barry，我很怕打擾人，很怕造成他人的困擾，所以一路未曾找過友人解決住宿問題，何況是朋友的朋友，但這回真是盛情難卻，只好打擾一晚，其實前一天晚上就借宿常富寧朋友 Brian 家，受到熱情款待，隔一晚則是 Barry，晚餐也就由他帶路吃了夢寐以求的意麵，餐後直接回到他們工廠兼住所的地方。

Barry 和姐姐就住這裡，喔！還有兩隻狗，一大一小，大隻有雪白的蓬鬆毛髮，很安靜傻呼呼的走來來去，小隻的則是過動犬，不停轉來轉去無所不吠，根本就是活生生犬版的「史瑞克和笨驢」。

睡前我們就在「史瑞克和笨驢」的環伺下泡茶聊天，不久，姐姐說要下去工廠幫忙，因為近來工人難請，所以得自己跳下去動手，此時已過晚上八點了，身為二代經營者依然沒得閒，不知要忙到幾點？一說到企二代，你是不是就聯想到開名車、泡夜店？

眼前卻是一對為家族企業打拼的姐弟，令人印象深刻。

要離開臺南了，很想多待一天，但有更多路要趕，所以揮別府城走上臺一線繼續南行，出發前還不放過臺南，硬是吃了碗虱目魚粥，一大早的，店裡照樣爆棚，有早起的上班族，有看起來像是每天都來這裡報到的阿公，還有幾桌顯然是我這種到此一遊的，毫無問題吃進嘴裡依然美味，然後黃崇凱也來吃了。

我才是黃崇凱的粉絲

我們依約在此碰頭。

別誤會,我才是黃崇凱的粉絲。

今年上半年看了他的大作《文藝春秋》,非常震撼他的寫作文采還有小說體裁,進而開始崇拜這個人,也試著加他的臉書當個老粉絲,那就像是你看到有人能把球揮出 500 呎外,或丟出 160 公里的速度,既然你一輩子辦不到,只能除了崇拜還是崇拜。

和崇凱隨意找了路邊的咖啡店,坐著聊了一點文學、很多的棒球後,真的要和臺南揮手道別了,而接下來這段臺南到高雄的臺一線,應該算是我最熟悉的路段了。

入伍前姐姐當會計的咖啡公司,需要有人在高雄負責送貨,地點包括臺南。那時一個禮拜至少有一天,要騎著狀況不算好的機車,後頭綁著大包小包的咖啡豆,從高雄七賢路載往臺南分送,當時走的就是這條臺一線。

我是以沿路各鄉鎮地名為基準計算運送時間的,楠梓、橋頭、岡

山、路竹、湖內，大概騎到哪，就知道臺南還有多久。

不過有時也有誤差，例如咖啡數量實在太大，大到從後頭看已經超過我的肩膀，所以時不時得把偏離位置的咖啡包喬回定位。不過最大困難是下雨，真的非常辛苦，雨衣罩身體、塑膠袋包咖啡，迎著風雨一路搖晃，然後離預定抵達時間延遲許多才到得了。

印象中，那時臺南的咖啡館，多數集中在西門路上，所以到臺南後就沿這條路分送，應該是從那段時間就對府城人有了極佳好感，不論老闆或員工都對我這送貨小弟，像上門的消費客人一樣熱情。

有一次一位年紀和我相仿的臺南姑娘還送了一盒禮物給我，很難忘。

送完貨當天再沿同一路線往回走，只是鄉鎮名倒著數，不過車騎起來就輕鬆多了。

今天又重新走上這條路，一晃眼已是四十年後，看著路邊景物，

很難不感慨。

　　儘管感慨，但用走的重回這條路，感覺總還是不同，或者說速度慢到能遇見更多的人事物。走在湖內省道見到一旁皮膚曬得近乎咖啡色的男子，騎著機車在貼廣告紙，我跟他打了聲招呼：「辛苦了！」他有點嚇到，不知是太專心，或是從未有人主動問候他，不過很快回神跟我點頭。

　　「你要貼多遠？」

　　「貼完為止。」

　　「喔！這是算鐘點，還是算件數的？」

　　「算天的！」

　　「這樣一天多少錢？」

　　「1200！」

　　「那很好啊！」

　　說完他就油門一加往前繼續完成他的工作，看著他離去的背影，我有點後悔剛剛的對話，首先，打探別人的收入就是個沒有禮貌的行為，進而聽到人家的薪資時，還補上一句「不錯」，一種上對下，高所得對低收入的傲慢口吻，實在很差勁，希望說者無心、聽者也無意才好。

逝去的歲月誰都追不上了

快到嘉南醫藥大學前，碰到的則是大異其趣的對話，那時依然獨步在路上，一旁汽機車不斷呼嘯而過，不久，一台摩托車通過我身邊，卻在不遠處停下來。等我走近他時，果然和我猜的差不多，看起來是學生的騎士說：「要不要我載你？」

「不用，謝謝！」

以過去的經驗，雙方對話應該就這兩句而已，他繼續騎他的車，我走我的路。

但這回不一樣，不知是否是前方醫藥大學的學生，執著得可愛。

「上來啦，別客氣！」

「不用啦！」

「我有兩頂安全帽喔！」

「呵！」（我加搖搖手動作）

「上來啦！你看這麼熱，你還要走多久，很累呢！」

看他真誠的態度，我幾乎快上車了，但還是狠下心來回絕他，年輕騎士一臉被愛人拋棄的表情說：「好吧！那你加油！」

好熱情的臺灣人、好可愛的學生，未來應該是很棒的業務人才吧！

徒步環島進入第十九天，預定回到臺北的時間差不多走了一半，也愈來愈有自信可以挑戰成功，燥熱的天氣，流不完的汗，二十五公里日程的腳酸都已成例行公事。昨夜住宿地找不到洗衣機，只得將衣褲用清水搓洗，晾在浴室中，早上起床果然還沒乾，但也是另一種習慣了，一點也不擔心，將未乾的衣物綁在背包後，大概走一個多鐘

頭日曬就乾了，背包外頭掛著內衣褲不會不好意思嗎？相信我，沒人會看你一眼的。

這一天的路程是高雄市區到林園，只有二十一公里，算輕鬆，但總覺得有點「烌」，因為從前鎮到小港再到目的地林園，印象中這段路就是貨櫃車飛快、工廠林立，然後口罩要從頭戴到尾。

進入小港路段前，走過獅甲國中，一個因地方名而取的普通學校，卻因在遊行場合特定團體背起該校書包而走紅，我們看書包上寫「獅甲國中」，但他們卻很認真的從後面讀起這四個字。

不過你有機會經過該校的話，你會發現學校門口的校名是直式，所以硬要倒著唸好像有點難度。

從獅甲國中到小港機場，正好是五公里的休息點，講到小港機場，那是高鐵未通車前，我們南北跑的交通重鎮，常常週日高雄職棒一結束就得飛車趕航班，有時比賽打得久一點，電影《玩命關頭》的畫面就出現在這條路上，坐在車中再想到歌星王默君的悲劇時，真的挺嚇人的。

小港之後的臺十七線會經過臨海工業區，那裡大小工廠林立，不過廠區前有林蔭覆照的自行車步道，在這樣的豔陽天，走入其中相當舒適。

走過林蔭道一路往前，準備迎接著名的「林園空氣」時，一個聲

音叫住我,一開始沒認出是誰,但他說是「志弘」,我有點驚嚇到,上一回見到志弘究竟是何時?中學?小學?或是更小時?

我小時候曾寄養在志弘爺爺家,那是很快樂的一段童年時光,後來志弘爸爸娶妻生子,第一胎生的就是志弘,當時真的是大事一件,志弘瞬間成為所有人的寶貝,對他的印象就是從小安靜乖巧,而這種小男生的印象一直到一分鐘前,他叫住我,說他是志弘。

歲月真是無情的怪獸,無情地摧毀你所有的美好印記,站在面前的他,完全和當年的小孩對不上來,尤其當他說自己已年過四十時,更是腦門一聲巨響。志弘說為了追上我,先搭高鐵南下,再轉換機車,依我臉書的貼文動態一路追趕,果然在進入林園前追上我,我又一次被感動到,但逝去的歲月誰都追不上了。

在下午五點前,總算進入林園區了,但有點嚇到,因為比我想像熱鬧許多,有連鎖速食店、有保齡球館,還有叫得出名字的直營藥妝店,不知是否跟附近眾多工廠、眾多員工有關,但無論如何,找旅館應非難事,就在我打算依慣例,看到第一家旅館就走進前,經過一家鐵工廠,門口一位婦人看到我身影後,突然回頭對著廠內大叫:「你們看,有人在徒步環島!」我眼角的餘光,陸續看到有三四人跑出的身影,這時我在想,如果面前圍個欄杆再掛上牌子,我應該可以收門票吧!

林園街上應有盡有,晚上選住的旅館也是第一……以最差狀況來排,即便如此,破門板也讓我過了一夜。一早經過林園工業區時,中油林園廠外掛滿抗議白布條,其中有一條白底黑字寫著「宜居城市林園吊車尾」,林園附近空污應該是全台聞名的,除了中油之外,還有其他化工廠一起努力,經由一串串大型燃燒塔將火煙排放至林園空氣中。林園居民的心聲我能體會,在高雄楠梓住過一陣子,他們也有個

出名的鄰居中油煉油廠，也是廠區二十四小時有火炬從大型高塔噴發
出來，十分嚇人，夜間常伴隨嗆鼻的惡臭味，難怪楠梓居民不斷發動
抗爭，幸運的是，他們最後成功了，但在經濟掛帥下，林園當地百姓
不知要忍受到何時？

Good Morning ！

看著臺十七線雙園大橋前兩旁，有如星戰基地的工廠，其實有著滿滿的視覺壓迫，那種不知何時會發生公安危險的陰影，我只能快速通過它。

上了雙園大橋，往前望去有點看不見橋的盡頭，風超級大，我得一面扶著漁夫帽才能勉強前進，最後乾脆把帽子拿掉比較好走。走到一半看到前方有人戴著斗笠，一邊拖著小車慢慢走，我心想：「該不會是……？」

走了二十天超過三百多公里，曾遇過重機環島，騎腳踏車的也不少，但就是沒有碰過徒步同好的，看這背影應是徒步者無誤，等距離拉近些，原來是個老外，我快速走近他，很有禮貌說了聲：「Good

Morning！」結果他身體抖了一下，回我：「喔！你嚇了我一跳。」他這一開口我也嚇了一跳，好字正腔圓的中文啊！

他說他的名字叫「大衛」，來臺灣九年了，家住臺中，之前都在教英文，這次利用工作告一段落，打算用徒步方式環行臺灣一圈，為臺灣孤兒募款。講到此，他突然問我：「你也沒有工作嗎？」

「我、呃……」我不知如何解釋我目前的狀況，大衛見我有點為難，也沒追問，繼續說他的計畫，大衛說為了幫助孤兒，在女朋友協助下成立了募款平台，他很得

意的說，每天用 GPS定位，讓大家追蹤他走路的位置，也不定期地上網貼文圖，將各地所見所聞和所有人分享，希望能募到更多錢。

因為大家都是徒步者，難免有些經驗上的交流，相較於我，從臺中出發的大衛，可是酷多了，他每天的步行里程是三十公里，每八公里休息一次，晚上則是睡公園以節省經費，他還自備水管，想辦法接水龍頭沖洗身體，唯一比較麻煩的是手機充電，所以他都會到加油站去借插座充電，「臺灣人太善良了，從沒有人拒絕我。」大衛說。也是經他這麼一講我才恍然大悟，難怪他要拖一台車了，因為過夜的家當實在太多了。

我們走走聊聊，雙園大橋很快的就到尾端，走過橋，見右方有加油站，就問大衛需要充電嗎？他說好，因不知他要用電多久，我就和他說：「那我慢慢往前走了，掰！」

這是我最後看到大衛的身影，希望他募款成功，也替所有孤兒謝謝他。

走過林園再到林邊會先經過東港，此時正值午時，是大啖東港海鮮的好時機，可惜要去東港街上得再從省道切進去，靠腳為交通工具的人，即使再美味的食物，要多走上一兩公里是說什麼也不願意，所以就隨便在便利商店打發，大概是省掉吃「大餐」的時間，等到了林邊時其實才兩三點，比預計早了很多。

FOX同事人瑋就是林邊人，說好要去她家拜訪，話是這麼說，但心底有點

小不安，萬一她家偏離省道，我得像吃海鮮那般多繞路，那要不要去就尷尬了，好在林邊最熱鬧就有只有這麼一條中山路，正好是省道，最棒的是她家也在這條路上，而且她家開體育用品店，因為是街上唯一一家，所以也可以稱作「林邊最大體育用品店」，好找得很。

人瑋媽媽非常熱情，一如屏東太陽，我還沒坐定，蓮霧、餅乾有的沒的全端上桌，不誇張，蓮霧超級甜，吃得我嘴巴也甜起來，一直誇她媽媽看起很年輕，逗得人瑋媽笑呵呵，不過大概是一不小心捧過頭了，媽媽心花怒放下，我明明已經離開她家走了五十公尺，她又騎車追出來硬塞給我一串蕉及一瓶水，我嘴裡說謝謝，心裡可苦了，這下我背包的重量可不得了了。

走在這短短的林邊中山路，距離頂多就像永和竹林路這麼長吧！在此土生土長的人瑋能考上北一女實在相當了不起，沒實際走這一趟，見到這裡的環境，還不知她這麼強，能和天龍國孩子抗衡，佩服了。

但也有令林邊人揮之不去的惡夢——地層下陷的問題，這是養殖業者長期抽取地下水所導致的結果，如果你有機會經過此，在中山路路尾右側，有間看起來空無一人的住家，從屋邊一條明顯的痕跡，可看出房子原本高度的落差，十分怵目驚心。

兩天內走過林園及林邊，平平都是國家繳稅人，他們卻要面對這無止境的「人禍」，真令人感傷。

已經從臺灣頭
用雙腳走到臺灣尾

以前沒有聽過水底寮這個地名，從林邊走到這裡天色已暗，就決定在此用餐過夜，路邊隨意坐下來吃的羊肉竟是當地著名美食，味道極佳，隨便找的民宿也很棒，民宿門口掛著彩虹旗傳達主人對婚姻平權的看法，迎接我的年輕人十分有禮貌，非常陽光的一個人，這就是旅行的奇妙，沒聽過的地名，隨遇而安的心態，卻讓人驚奇連連。

過了水底寮，接著一天內要走過枋寮、枋山到楓港，這代表什麼呢？代表我已經從臺灣頭用雙腳走到臺灣尾了，哇，連自己都不太敢相信。

往枋山途中，前一天林聖欽教授訊息告知，龍安寺廟旁有一小廟祭拜二戰日本兵，臺灣廟卻祭拜日本兵非常特別，所以特地繞來看。

從大路往裡走不遠就能看到，不難找。從該廟所立文字敘述整件事大概：當地農民在海邊撿起一神主牌，後來丟回海中但又漂回，連續三日皆如此，後查是日本二戰後，為了紀念大戰身亡的日本戰士，舉辦追悼儀式，會後於海中將神主牌等祭品丟入海中，沒想到七年後竟漂至枋寮海邊，這個神主牌的主人是二戰日本兵樋口勝見。

地方人士曾請示他是否願意被送回本，所得答案皆為否，且願追隨觀音佛法，所以立廟祭祀。

看完文字再見廟中日本兵的雕塑，實在覺得神奇。另一神奇處是我原本已經忘了林教授跟我提龍安寺廟一事，但很習慣低頭前進的我，走著走著不知為何突然抬頭，一抬頭就看到龍安寺指示牌，也才想起這件事，似乎冥冥之中有人在指引般，非常奇妙。

過了龍安寺這一長段到枋山的路，就是讓人心情愉悅的路段，整

因為路長走得久可以看得更多

個海岸線非常美，水波粼粼，風吹在臉上非常舒服，不自覺竟哼起歌來，即便我這五音不全的聲音，迴盪在這國境之南應也是相當美妙。

過枋山沒有吃到最愛的芒果，應該不是產季，有點可惜。

楓港到了！臺灣尾到了。找了家最靠近臺九線入口處的「汽車旅館」，門口有個著霓虹燈大大閃著，燈下還有個 LED 燈，不斷由右至左跑著「尚有空房」這幾個字，然後門口的櫃台，玻璃框外聖誕樹裝飾燈不停閃爍，看似很有過節氣氛，但在省道旁，就比較有檳榔攤的氣氛，只不過迎接我的不是西施，而是屏東阿伯，打開如貨櫃屋般的房間，問阿伯附近有得吃的嗎？阿伯說前方一百公尺處有池上便當，我就在黑夜、涼風，又怕被高速急駛的汽機車衝撞下，找到這家便當店，快速吃完，再一路驚魂地走回旅館，這時才驚覺到旅館旁不是也有一家池上便當嗎？為何阿伯要我大老遠冒險走這一趟？最後得出兩個可能：阿伯看我不爽要惡整我，不過這個可能性不高，另外一個就是兩個鄰居結怨已深，如是，那就是好可怕的怨念啊！

但還是好好睡我的覺，準備接下來大轉彎朝東部前進了。

哪一條才是正確的路？

　　從楓港到臺東，走南迴段我一直很擔心是不是能在一天內通過，大概是上回騎車環島，被這段路驚嚇到了，所以天未亮就起床出發，因為要走三十公里的路程，所以拉得比平日預計時間多兩個小時，早餐就在行進中完成。此時天空飄著小雨，很難想像都快接近墾丁了，還會碰到清晨的雨絲，但無論如何都得鼓起勇氣上路。

　　走沒多久就開始上坡，這段路有經驗，知道要不斷上坡很久，但很意外的是，上坡雖喘，卻沒有騎車可怕，只是一步一步往上走而已，反而沒有踩輪那麼累，妙的是下坡花的時間還比上坡久。

　　途中還遇見統一獅隊的球團工作人員，他們正打算到花蓮參加關懷杯少棒賽，也是打算碰運氣看能不能遇到我，果然在半路上見到我的身影。還是得幫各球團工作人員說說話，大家只見到比賽中球星的表演，其實背後的工作人員也是很辛苦，值得加油鼓勵。

　　不只遇到獅隊球團人員，更多是路上的善

心人，或許大家都畏懼此路段，看到獨行的我，臺灣人善良的心就湧現，一路上被四輛汽車三台摩托車問要不要載一程，也算破了我單日拒絕別人的紀錄。

到達最高點壽卡站這個重要指標，每個通過的人都會在這裡拍照留影，我也不例外的將臺東地標拍下，表示至此我要離開屏東進入臺東了。

一路往下走即將到南迴出口時，按 Google地圖指示，如果我在此時左轉切進名為「森永部落」的位置，然後再接主線，會比開車縮短近五公里路程。

五公里就代表省了一小時時間，那是一定要走的捷徑啊。後來我才知道這個名為「森永」的部落，還真的跟日本森永公司有關，日本時代該公司在此種植可可樹，所以此地也沿用原來森永這個名稱。

走進村內見到的是極具原住民風味的社區，還有個很美的教堂，不久，有個大大眼睛約莫五六歲的小朋友問我：「你要去哪裡？」

「我在找公路你知道嗎？」

「知道啊！就是那個……就是那個……」

像小天使一樣的孩子不知該如何跟我指路，好像有點急了，眼睛

瞪得無敵大，我趕緊蹲下身來聽他說：「就是那個……一直走、一直走，看到燈右轉（小小手比了一下）就到了！」

我其實不是很了解他指的方位，但還是以很認真的表情對他說：「好喔！謝謝你。」

「不客氣！」還是瞪大眼睛對著我。

誰家小孩這麼可愛這麼棒，這又是一個只能慢慢走，才能見到的最美風景。

當初因為深怕一天之內走不完，即使走完也夜半時分了，所以先訂了家在出口處的民宿，沒想到提早兩小時出門加 Google 捷徑，比預定早很多下山，打了個電話給民宿老闆，女老闆很快速的開車過來指引住的位置，接著同樣是交錢交鑰匙，老闆收完錢交待注意事項後正打算離開，我就跟老闆說：「網路上評價你們民宿的特色是老闆非常親切、健談，啊你這樣收錢就走人了喔？」老闆被我一說笑得有點尷尬，我趕快補一句：「開玩笑的。」

畢竟已經走了大半的路程，很習慣只給房門鑰匙然後人就消失的狀況，倒是接下來的打掃阿桑真的是親切、健談，我們聊了很多，我聽到的是一位原住民女孩從年輕到年長，進入所謂漢人區域生活的歷程，有酸、有淚，有無法言喻的歧視，然後跟我解釋為什麼他們原住民會管平地人叫「白浪（音近似台語歹人）」，因為他們常被騙，久了就覺得平地人都是壞人，話至此，我以為她會對我們充滿仇恨，但沒有，回憶這些，阿桑臉上表情始終笑嘻嘻的，好像只是在述說別人故事而已，然後很樂觀的面對自己的未來。

遇到樂觀的阿桑之前，其實另一個樂觀的老朋友詹啟聖找來了，啟聖也在環島，不過是順時針的開車環島；只要是照著自己的心意走，什麼形式的環島都很棒的。啟聖現在的身分是博斯運動台的主

播，但老球迷應該對他在之前在中華職籃的轉播身影很熟悉，不要以為他和我一樣就靠嘴吃飯，他能做、做過的事情事可多了，而且從我的角度來看，是我一輩子都沒辦法勝任的工作，什麼會計系講師、星巴克企劃經理、愛迪達運動行銷經理、英文口譯，總之非常強大，最令人佩服的是他抗癌成功這一點。

他特地來跟我會合，我沒有什麼能招待的，只有現成的三合一咖啡，但兩個中年大叔在南迴線出口，迎著微風坐在民宿台階處，就這樣喝著聊著，啟聖敘述他的生命故事、他的人生觀，我則聊著路上的見聞，兩人有種分享生命喜悅且要珍惜當下的感覺，非常棒。

啟聖開車離開繼續他的環島行程，我則趁著尚有光線到戶外走走，見到幾個原住民小朋友，一個大妹妹、一個小妹妹，還有一對大小弟弟在玩射箭，先是大妹妹獨射，每次都把箭射中靶心，超強的，我問一旁吃著檳榔的男子問：「這是你女兒嗎？」男子得意的點點頭，我竟庸俗地接了句：「這麼厲害，以後可以參加奧運了！」還好爸爸沒有被我吹捧暈了頭，立馬回答：「還早哩！」

幾分鐘後，大妹妹問我要不要試試看。

在眾人的高度注目下，我拿起了弓、架起了箭，脫手而出，箭中標靶的黑色部份，自己頗為滿意這場處女秀。

但小朋友卻湊過來，大妹妹教我腳要如何站，大弟弟跟我說左

右手放的位置，力氣要怎麼出，小弟弟一直叫：「#％＠＆＄（完全聽不懂）。」結果被他們喬好的姿勢，箭再射出，卻掉在五公尺外的草地上。

「哈哈哈哈……」之聲迴盪在整個村落。

有什麼關係，小朋友的純樸、可愛，完全正中我的紅心。

我又陪爸爸坐著聊了一會兒，不久他離開了，輪到小弟弟想試試，他拿起弓架勢十足，箭卻射離標靶直入草堆，他急著環顧四週，發現只有我一個人看著他，小弟弟用食指放在嘴巴中間指示我不能說，我也回他同樣動作（我絕不會說），小弟弟滿意地點點頭。

很快天黑要離開了，小弟弟說：「你明天還會再來嗎？」顯然在他眼中我是個很守信用、值得信賴的人，沒有說出他的秘密，很期待明天再看到我。

我也好想明天再來，但還有很多路程要趕，只不過回頭再看小弟弟那刻，心想為何才攀過一個山，整個人文景觀完全是不同面貌？這個時間點，西部的孩子是不是安親班、補習班、才藝班，正上得天昏地暗呢？一邊是擁有一生一次的快樂童年、一邊是儲備未來可能的競爭力，哪一條才是正確的路，誰給答案？

臺北曾姓男子……

　　本日的行程要到瀧溪，大概不到二十五公里，原本就沒有太大壓力，結果走大武段時一直覺得，如果說前一天走南迴是先苦的話，那這一段就是後甘了，雖然有些路段仍在施工，但毫不影響沿途映入眼簾的美麗景色，東海岸真的美，不論走幾百趟它永遠美在那裡，今天天氣好，就更美了，這是我見過最棒的天穹嗎？好像不那麼確定。我在希臘小島曾抬頭往上望過，每個人都說美，但我覺得有點不真實，一片藍，連一朵雲都沒有，好像大圖輸出般，但我從不是個會獨排眾議的人，就像一部經典電影大家都說棒，我明明覺得還好，但看完也沒其他不同意見。

　　還有人說家鄉天空最美，但要我對基隆蒼空有任何讚譽之詞，這種謊話我實在說不出口。只能說，人生如果往下走，早晚總會看到你心目中的第一。

　　不過臺九線大武段的施工人員應該沒那個心情欣賞美景吧！我不是因為他們辛苦才矯情這麼做，而是日正當中走在這個維修段，就會

自然的對著每個工作人員比大姆指，他們大概嚇了一跳，不過也很快地對我回禮，有個黑臉大叔還露出雪白牙齒，對我雙手比 YA！

臺東正中午的艷陽下，我們都擁有小幸福。

走過維修段再看一下手中的 Google 地圖，發現有一條小路可縮短行程，就像昨天一樣，實在是太棒了。

結果走了快五公里還不見有什麼小徑，再查一下 Google，原來走過頭兩公里了，只好非常非常不甘心的倒轉。對徒步者而言，要倒走回去有多不甘心啊！但沒辦法，就只有往回走一途了。

兩公里後果然有一條山路，真的山路喔！幾乎四十五度往上，等我氣喘一公里多以後，驚見一對泡茶的夫妻看著我：「前面沒路了喔！」他們說。

「這裡不是可以到瀧溪？」我問

「不是，你要下去走臺九線。」

臺九線？那不就是剛來回走、鬼打牆的那條？

算了，也不打算去什麼瀧溪，乾脆給它走得更「痛快」，往前一口氣到金崙。原先輕鬆的一天搞到天黑才收腳。

常聽人說被導航弄進山裡哭笑不得，今天也被我碰上，但重點是，我是用走的啊！

所以說囉！我跟金崙這個地方真的有緣，不論什麼形式的旅行，最後一定會在這裡過夜，此處以溫泉著名，但我寧願說它的特色是貓咪多，跟猴硐有得拚，貓多也顯示此地人善待貓的一面，我投宿的民宿主人就是如此，好幾隻流浪貓在家裡闖進竄出，她卻不以為意，還照三餐餵食。

老闆娘對貓好對客人更好，很熱心的提醒我明早可以去看日出，隔天看預報日出時間，我提早十五分鐘出門，可惜天候不佳，太陽公

公害羞沒露臉，倒是看到一個大概高年級的原住民小哥哥，準備帶弟妹出門，臨出門前還蹲下來幫他們繫鞋帶，可能爸媽都在外地工作，所以小小年紀被迫提早獨立長大，看了有點心小酸，又想到前晚在活動中心賣我原住民手環的小女生，很稚氣的臉卻得幫忙賺取家用，真是不簡單。

回到民宿，很不錯的早餐，意外的是老闆娘咖啡泡得極好，另一意外的是我的衣服不見了，昨晚晾在陽台上的衣服，不知是不是風大吹走了，左看右看不見蹤影，結果要往下看才找到，原來吹到隔壁屋頂上，趕緊回頭找民宿老闆報告事情大條了：「那個，老闆娘，我的衣褲被吹到隔壁屋頂了。」

「哦，那就去拿回來。」

「可是，那是屋頂⋯⋯」

「沒關係啦！你爬過去拿回來就好。」

不知原住民朋友是不是天生就樂觀，不管什麼事都沒什麼大不了，所以口吻也極其輕鬆，啊人家都這種口氣了，你有什麼好害怕？

所以呢！我住的是三樓，隔壁是二樓，我先翻過水泥牆，靠著牆邊身體放低，然後用我看到的金崙貓姿勢往前爬，四肢並用的過程中幾度聽到石棉瓦的聲響，我提醒自己不要這樣想，但腦中畫面不斷跳出：我用力一踩，老舊的石棉瓦突然破裂，然後就是電影畫面般，我呈大字型往下墜落，不久是「哦～咿～哦～咿」的車子來了，然後隔天地方報紙標題是「臺北曾姓男子⋯⋯」，還好自己嚇自己的事都沒發生，爬去爬回撿回該撿的，驚魂未定地迅速收拾細軟，趕緊往下一站知本推進。

下次再聚不知要到何時？

很期待去知本，我從未去過知本，從小不知哪來的印象，覺得知本是有錢人去的地方，那兒有溫泉，有高級飯店，是渡假勝地，但每次都路過錯過，這次算準時間要去那住一晚，喔！不，兩晚，因為 FOX 體育台員工旅遊正好選在老爺酒店，所以我是既擇期又撞期地朝知本老爺酒店前進中。

今天東北季風依然強勁，頂著逆風前進，感覺人快被吹得飛起來了，在這個季節逆時針環島的最大缺點，大概就是從東部北上會遇上這強風吹拂，但海岸線依然美麗，走到了休息時間，選了靠隧道口比較擋風的位置，一邊看海一邊休息，大概行進間吃進的兩個麵包發功了，吃飽就想睡，接著竟然睡著了，眼睛睜開已過了一小時。

想起之前走過溪湖糖廠，吃完可口的冰棒，坐在長排椅上，吹著微風實在太舒服，睡著後醒來再看手錶也是一小時。還有一次忘了在哪，走著走著其睏無比，但省道旁什麼休息點也沒有，又怕危險的情況下，選了棵最大的樹木遮擋，我就這樣安心躺下，大概不到三十秒就看到周公長什麼樣。我一直有午睡習慣，所以此行是有點小擔心，萬一午後的睡神來襲，會不會影響行進目標，但所幸也就發生這三次而已。

起來後我繼續朝著北方前進，原本一人獨行，不久，看到一個點，

漸漸那個點愈來愈清楚，也是個獨行者，這是第二十四天遇到第二個徒步客，我大聲喊叫，但他顯然和我一樣，習慣一直低著頭，喊了兩三聲依舊毫無反應，我乾脆跑過對面去，原來他是聽音樂太入神了，我們彼此自我介紹，他是剛從台體大畢業的，希望利用這段空檔時間完成徒步夢，不過和我不一樣的是，他是順時針從臺中出發的。

這好像是個不錯的數學題，從不同方向開始，兩人以每天平均二十五公里的速度前進，會在臺灣哪一個點相遇？

不過重點應該不是答案，而是兩個年齡差三十歲的人，同時用雙腳去體驗臺灣。

到達飯店後，和之前住宿比較，這裡根本是十星級的，吃好、睡好、泡好，身心放鬆大概就是這個感覺。

隔天三個同父異母的哥哥，文藝、文豪、文源特地從高雄開車來知本找我。我有六個哥哥，現下只剩一半在人間，也格外珍惜大家還能相處的時光，三哥文藝一號召，就開車繞了大半個南臺灣過來了。

雖然不是同個娘胎生的，但從小大家感情就很好，老爸走後，情感有增無減，真心感激老爸一毛錢遺產都沒留下。

有趣的是，包括在天上的三個兄長，六個哥哥真的各具特色。三哥文藝年輕時無敵帥，五十年前就曾騎車南北往返。記得有一回，我大概小二小三吧！他帶我去高雄旗津玩，順便找他幾個女性朋友，雖然只有幾個，但小小雙眼望去，感覺全島到處都有他的女朋友，令人立起大丈夫亦若是的雄心，三哥人帥嘴甜，時至今日，下自幼童上至老嫗，都能被他逗得開心不已。

四哥文豪高工學的是電子科，不論所學或人品，都是規規矩矩的 0 與 1。他一輩子只幫一個老闆王永慶賣命，從上學、從軍、就業到娶妻生子、退休，像精準的作業系統般未曾短路過，但我覺得他真

正的人生是從退休後才開始，當慈濟志工，聽音樂學樂器，相當投入，下半輩子顯然完全進入「3D」或「VR」的時代了。

六哥文源和我最親，不光是因為我們只差三歲，也因為我們聽的音樂相似，喜歡 SNOOPY，更喜歡棒球。他兒子後來去打棒球了，走這條路之初我不是太贊成，因為我知道實在太辛苦了，雖然棒球路發展不如預期，卻學到團隊生活紀律，及體耐力、意志力，這條路絕沒有白走。

小時候和六哥相處機會難得，碰在一塊就常打鬧玩樂，現在打不動鬧不動了，但最親的感情沒有消逝。我已逼近耳順之年，三個哥哥自然也都不年輕了，兩個多小時的午餐相聚，讓我很感恩很珍惜，分居南北的幾個兄弟下次再聚不知要到何時？

揮別了老哥，我又回房間泡湯了，不知從前一天入住到現在到底泡了幾次，總之太舒服了，就不斷地把身體浸在水中，萬萬沒想到竟因此差點無法完成環島夢，可說是此行遇到的最大危機。

八百公里就是很多的二十五公里連在一起

DAY25 帶著「被服務」的滿意心情踏出診間

　　晚餐時我和同事羅嵐及人瑋提起有點頭暈，但只是說說而已，不以為意。半夜，我準備起身上廁所，突然天旋地轉，整個天花板像跑馬燈般地轉不停，我第一個念頭是「完了！」我有眩暈的老毛病，也是永遠的夢魘，永遠不知道這個惡魔何時會來，那是一輩子的陰影。有這種經驗的人都知道，當它來時那種比死還痛苦的感覺，天地倒轉，噁心難受都只是基本的，有看過愛德華・孟克的名畫〈吶喊〉嗎？天空亂流飛舞，我們卻只能如骷髏般要喊也喊不出聲來。

　　我最近一次發作是幾年前，嚴重到被救護車送到急診室，拜此病之賜，也是這輩子第一次享受無紅燈的禮遇。還有一次半夜發作，老婆背著我下樓，她騎腳踏車，我在後頭抱著她去醫院，那時可能年輕吧！打完針、吊點滴、吃完藥，沒幾小時又去轉播了。

　　由於有太多次可怕經驗，所以第一個念頭是「完了」，但第二個念頭，現在回想起來也是不可思議，竟是「我絕不要被送回臺北」。所以我先趕緊閉上眼，看暈的感覺會不會稍緩，但似乎有限，感覺天花板依然不在它原來的位置上，那就不要動，看能不能睡得著，也不知過了多久真睡了一會兒，但要命的是，老人症頭又出現，想上廁所了，這回真的沒辦法忍，但頭還是暈，只好使用下下策，也是上上策，用爬的進廁所，所幸除了總統套房外，基本上飯店的盥洗室通常就在床邊不會太遠，途中一度雖有嘔吐感，但還是撐過去了，出廁所我再順著原路爬回。

　　前晚不知喝了什麼，這節骨眼不想動時偏偏尿意甚濃，一個小時後，又想上廁所了，但這次睜開眼感覺比較好一點，天花板有點固定

住了，至少這次不再用爬的進廁所，但也好不到哪裡去，一路扶著牆往前，四肢像瞬間老了三十歲，也像慢動作重播的電視畫面，不過頭暈真的好了很多。

隔天，我還是照平常六點起床，這一次身體狀況更好一些，夜半被送去醫院急診的恐懼消失了。

我原先的規劃是今天從知本到臺東市，然後搭飛機到蘭嶼花兩天時間走一圈，再坐船到綠島徒步一趟，接著飛回臺東繼續北上，現在身體如此，只能到臺東再說，但還是忍不住查一下航班狀況，結果因天候影響，航班都取消了，必須承認，在當下我有點「幸災樂禍」，這完全是老天幫我做決定，斷了我的念頭。

去不成蘭嶼，臺東市還是得去，那是規劃的既定路線，另外，我得找出昨天半夜的天旋地轉，究竟是老毛病犯了，還是另有原因，一切都得到臺東市再說了。

　　去臺東市找醫生之前，先找了金鈴吃飯，金鈴是很特別的女生，喜歡 Lamigo，也曾是棒球專欄作家，但最關心的是原民活動，之前因認識不少原住民朋友，所以三天兩頭從臺北往都蘭跑，也參與了如「反美麗灣」等運動，後來金鈴乾脆搬來都蘭住了。

　　這幾年下來對臺東新移民的身分，她有不同的體認。

　　「臺東居大不易」是她首要感慨，收入超低是主因，時薪八十元

的工作也能找到人做，還有一般職場的規畫、管理都可能因為當地步調，而缺乏制度化。另外族群間的相處，都需要時間去適應調整。

「那有收穫嗎？」

金鈴回答，所謂的獲得不是每天面對的好山好水，而是一種「自我認識的過程」。

金鈴說，以前在臺北公司上班，她算是個怪咖，很多事她有不同想法，偏偏老闆同事要求的是全體一同，她有點難接受，但等到了東部，尤其是都蘭怪咖何其多，自己也才更確認到臺東這一趟是值得的。

既然到臺東有它生活上的挑戰，還會鼓勵那些不顧一切、想來這裡生活的人嗎？

「為什麼不？人生有時間可以嘗試，即便失敗了，為什麼不試？」金鈴很確定地說。

金鈴眼中的臺東是特別的，我眼中的臺東亦是，至少看醫生上就不同。

我打算走臺九線一路從臺東市到初鹿之後在鹿野住下，但頭還是微微暈，步伐不是很穩定，所以先看醫生再說，發現中正路兩旁診所很多，有中醫、西醫，其中以內科居多，反正沒目標，就跟之前選旅館差不多，隨便找了家「李文正內科」就掛號進去，櫃台護士知道我是初診就要我填些資料，我把該寫的寫一寫給她，接著她問我：「吃藥會過敏嗎？」

「不會！」

「有家族病史嗎？」

「貧窮算不算？」

護士大媽先是呆了一下，接著爆笑出聲來，然後就笑笑的跟我說

等叫號碼再進去。

　　排我前面有三四位，輪到我時一開門進去，有點年紀的醫師轉身面對我，這個舉動我有點嚇一跳，他不是我們在臺北習慣的醫生，只面對電腦螢幕，你負責說、他負責「聽診」，眼光始終沒有面對你。

　　但臺東這位李大夫不同，是整個人面對著我問症狀，我告知之前發生的恐怖狀況及病史，接著他又再追問最近生活上有什麼變化？我就說在徒步環島，然後「自首」前一天泡溫泉泡很久，次數很多，不知有沒有關係？

　　戴著眼鏡、一直想不起來他像哪個老演員的醫師看著我，詢問我一次泡多久，身體的位置等，最後他點點頭說應該就是這個原因，造成血液循環問題。我原本以為就這樣結束，準備拿藥離開，但李醫師此時卻站起來跟我說，有眩暈毛病的人一切都要注意，連彎個腰都要小心。接著就對我示範動作，頭儘量不要直上直下朝地面，另外，起床動作不宜過大，在家泡澡不要超越胸口位置，時間也絕不要過久……我像聽課的小學生一樣仔細聆聽，他不但帶動作還順便講了些醫學原理。

　　我確定李醫師不是因為是棒球迷才做這麼多，記得有次去看診，有位醫師見到我，用了三分鐘問我病情，卻用二十分鐘跟我聊王建民及陳偉殷。所以打從我進診間，李醫師見到我沒異樣表情開始，一直到離開都沒有半句棒球話題，我確信他對每個病患都如此，但我好奇的是，近年來因健保制度，醫師突然間成了工廠作業員般以件計酬，能讓病患說話的時間沒有幾分鐘，但臺東這位醫師卻不同，不知是此地的醫病關係即為如此，還是醫師本人的特質？但無論如何，我是帶著「被服務」的滿意心情踏出診間，離開前，剛被我「嚇」一跳的護士還不忘對我喊了聲「徒步加油！」

你跟電視主播名字一樣

這幾年臺東鹿野因為熱氣球觀光活動而聞名，我原本也以為如此，但實際走過，你會發現，不用乘汽球飛上天，光是行走，就會發現鹿野的龍田村好美。

龍田村，整個村落是日本時代糖廠的移民建造，採棋盤式設計，因此走在其中不用怕迷路，村裡很有特色的「阿榮柑仔店」老闆就是這麼告訴我的，老闆不僅跟我說走在這裡不用怕走失，還熱心的告訴我當地許多景點，像「舊日式校長宿舍」、「鹿野神社」、「區役場」等，因為是日本時代的移民村，所以保留了相當多值得一看的舊

建築。

　但最吸引我的反而是在鹿野神社附近的一棵「慈濟樹」，名稱由來是證嚴法師早年曾至神社旁的「崑慈堂」修行，所以常常在樹下和村民談論佛法，因此後人為了紀念證嚴修法之地，特地將此樹更名為「慈濟樹」。看了樹旁所立的文字說明，這棵樹樹齡已超過八十年，樹高有二十公尺。站在高大樹下，不免想像起當年法師在此弘法，村民聽道的情景，心情竟無比平靜起來，其實整個村走起來都讓人有平靜感，即便是營利的民宿，也是各具特色安安靜靜坐落路邊，我就這樣步伐極輕極慢地踩，可惜步伐再慢還是得走至終點，中國導演馮小剛在他書裡曾寫道，他喜歡紐西蘭卻不得不道別的心情，所以用了句鄧麗君歌詞表達，雖然有點怪，但也很符合我現在的心境：「好花不常開，好景不常在……今宵離別後，何日君再來？」

　今日離開後，不知何日能再重回美麗的龍田村？

　許是相當幸運的我，不是熱汽球的旅遊旺季亦非假日，才能漫步

龍田村見識其美，但不知是否曾是日本移民村，它有一種獨特的風味，不僅是景色獨特，名字也東瀛味十足，其實前面的初鹿，今日的鹿野，往上的月眉、關山、池上，還有台十一線的富岡、長濱，日本味十足，它們都是因為日本而改的地名，國民政府來台後，臺東地區就出現一堆「忠孝」、「信義」、「和平」、「忠仁」、「成功」等名稱，連鄭成功也軋一角，把布農族居住的地方稱「延平鄉」，延平郡王鄭成功如果知道了，恐怕也笑不出來吧？

　　賓朗一地保留了個日本時代的木製火車站，古味十足，一旁舊倉庫牆上的字跡也仍完整如初，上寫「服從領袖反攻大陸」。不過從地名的更迭就可看出這島上人民的命運，地名不斷變，但不變的應是這塊土地人民善良的心吧！我打從心底這麼認為。

　　按計劃行至池上就結束了今天的路程，不想去伯朗大道和人湊熱鬧，且天色尚早，在便利商店稍事休息，一看對面就有家頗具規模的飯店，想說池上是熱門旅遊點，不預訂怕沒房了，就滑了下手機查飯

店電話撥過去，櫃台要我留電話姓名，話筒那頭聽完竟說：「你跟電視主播名字一樣。」我沒有再說什麼，直接走到對面讓他驗明正身，讓別人「驚喜（嚇）」也算旅行的少數趣味啊！

現實人生是沒有救援投手的，命運掌握在自己手中

我們歡迎臺北來的徒步勇士

　　從池上到玉里這段路有二十七公里，特別的是有一大段會離開主線臺九線，要走卓富產業道路，沿路有相當多的原住民居住，幾乎都是布農族部落，據說這條路最早是日本時代，日本人為了防禦原住民的警備道路，現已成為產業道路，要說此路段缺點只有一個——沒有便利商店，但優點一大堆，非常美、非常恬靜。一天走下來，常只有我一人獨享這美景，相當建議喜歡清閒漫遊的人來此走一趟。

　　走在路中，兩旁是低矮的房舍，因為太靜了，我竟忍不住哼起歌來，自得其樂到一個不行時，卻冷不防被打斷，有人從後頭騎車過來我竟不知。

　　他先自我介紹說來自廈門，說他從很遠的地方就看我一個人在走，想說該不會是雙腳環島吧？他覺得能騎車把寶島臺灣繞一圈已經很了不起了，結果一問我果然如此，他完全是驚嚇狀，從沒有聽過徒步環島，我趕緊跟他解釋，臺灣已有不少人這麼做了。

　　不過他說是大陸來的，也把我嚇了一跳，他沒有那種唯我獨尊的大嗓門，舌頭也沒捲，而且還落了幾句閩南語，完全看不出是對岸來的。不過

他的確是在廈門做業務，利用年假，希望能完成多年來騎寶島一圈的夢想，不然老了就動不了。

聽到我確實是一個人用走的繞臺灣，他眼睛都亮了起來，接下來是把我全身的裝備都拍一遍，還不斷問買鞋子該注意哪些？而且「台味十足」的立馬要我加他的 line，看來用腳踩一圈之後，過幾年他可能打算用腳再走一圈。

對了，這位廈門客自稱 Bruce，看來兩岸搞業務的，取個洋名兒是共識，且是目前兩岸少數的共識吧！

我唱歌被打斷，接著下來是別人唱歌被我干擾。

路過古風社區，見一群年長者，圍坐在區內的活動中心高歌，一群阿公阿嬤唱起歌來，男的個個像蕭敬騰，女的個個如阿妹，實在是驚嘆一百。所以我好奇地停下腳步走了進去。

主持人小妹妹見到我，就用手中的麥克風直接問：「你哪裡來？」

「臺北！」

「徒步嗎？」

「對！」

妹妹轉過身，大聲地說：「我們歡迎臺北來的徒步勇士。」受到如雷掌聲的我，反而被搞得很不好意思。

原來這是花蓮縣政府和內政部合辦的社區老人關懷活動，包括醫療、貧困救助及團康娛樂等，其中最受歡迎的就是卡拉 OK 了。

看來十分年輕，長相放在臺北絕對會被稱為女神的林小妹妹說，部落裡年輕人幾乎都走光，留下的都是乏人照顧的老人，處境堪慮，還好現有這種服務，至少讓老人家覺得有人在關心他們。

「尤其是唱歌，雖然一個月沒幾次，但他們非常期待，都有在偷

練喔！」林小妹妹笑說。

可我現場聽不覺得那是偷練，是原住民與生俱來的好歌喉。說著說著，輪到下一個阿嬤上場了，她選了首日本歌，引吭高歌下，又一個「阿妹」出現了。

意猶未盡的我又多留了近半小時，那段時間成為歌迷的我，突然想到給唱歌的人鼓勵，是不是也該給花蓮縣政府及內政部一些掌聲呢？

大概是被熱情善良的臺灣人 「寵壞」了吧

　　離開玉里前吃了一頓極美味的豆漿早餐，相信我，住永和的人如果稱讚外地的豆漿，那絕對是極高的推崇。

　　話說在前一天路上，一位服替代役的球迷騎機車追上我，拍完照臨走前，他建議早上出發時可以來這家「惠香早餐店」吃吃看，結果豆漿極好喝，跟酷酷的老闆說，我來自永和，你們的豆漿不比我們家那裡的差，老闆聽完笑了，一邊手忙著一邊跟我說他如何一大早開始磨豆做豆漿，顯然我的一句話是對老闆最大的讚美與鼓勵。

　　走出店門口，天飄著微微細雨，我回頭看著簡單的大紅招牌，再望向店面，什麼美食節目的推薦都沒有，但，真正的美味就在這兒啊！

很刻意去找的豆漿店沒有失望，接下來無意間看到的另一間「早餐店」，則是另一個故事了。從玉里往北走到三民這個地方大約是十五公里，原只是想找地方讓兩腳休息，卻發現這家有點文創味的早餐店，還有無法反轉的大時代悲劇，而且是一個你可能很熟悉的故事。

鄞文學老先生，十七歲被強拉入伍，二十出頭隨部隊踏上基隆碼頭，等四十幾年後再回河南老家探親時，已是白髮蒼蒼的老人了。

老先生用很重的鄉音跟我說（其實是兒子幫忙翻譯），剛到臺灣，他以為沒幾年就能回去了，所以就沒有結婚更沒有置產的打算，等發現反攻大陸無望，只是空洞口號時，也已年過四十好幾了。

警備兵的他，服役的地點一直在東海岸，眼看回不了老家，退伍後就娶了當地女孩，在臺灣有另一個屬於自己的家，也算是落地生根了。

娶妻後為了維持家計，老伯伯曾到處打工，後來靠著部隊學到的手藝，開起了這家早餐店，賣起傳統的饅頭，直到今天。

如今老先生的早餐店已交給兒子，後代則用另一個角度來經營，他們請專業設計讓老先生變俏皮了，幾個可愛的造型，十分討喜。我聽說伯伯當年服役所使用的大刀還保存著，就問為什麼不擺出來展

示？結果聽說伯伯反對，理由是「現在是民進黨天下，不要惹事。」

不過整間店真的頗有創意，這也是吸引我停下腳步的原因，但這麼可愛的店賣的東西卻便宜得很，我把早餐當午餐吃，用完餐結帳，聽到的數字竟是三十元，我以為聽錯，再問一次，結果老闆誤以為我覺得太貴，還再算一次給我看，實在跟店一樣可愛。

現在是個流行講故事的時代，也是行銷的好方法，即便花蓮三民這樣一個並不起眼的店面，酆老先生這樣的故事，卻是一個大時代悲劇所堆積起來的，當老先生回憶起家中必須有一個男丁被拉走，否則全家很危險時，他是那個選擇犧牲的人，接著他談到戰爭及其他時，一種電影《一九四二》流離失所的畫面就跳了出來。大時代悲劇，即便我們選擇忽略，並不代表它不曾存在啊！

離開酆伯伯的早餐店，差不多走了一兩百公尺吧！突然有台機車追上來，一個阿桑冷不防地靠近我身邊，給我一瓶礦泉水，然後喊聲加油就快速騎走了，我轉身連要說聲謝謝的時間都沒有，其實我想說聲謝謝之外，更想加一句：「你沒有戴安全帽，小心啊！」這不是第一次收到陌生人的好意了，朴子往鹽水的路上，在一家傳統的雜貨店買了瓶運動飲料，老闆娘知道我在徒步後唸了句：「有車不坐，怎麼要用走的？」唸完之後，她要我等一下，結果切了好幾個柳丁讓我帶在路上吃，像這種事情很多，多到後來覺得好像是很自然的事，我們大概是被熱情善良的臺灣人「寵壞」了吧。

我真是個劣等生啊！

　　從三民出發，希望三天內能走完花蓮的幾個鄉鎮，分別是瑞穗、光復、鳳林、豐田、壽豐，然後就接花蓮市。我是十一月二十九日走南迴進入臺東，走了七天才碰到花蓮邊界，要走到花蓮市中心還得再花上四五天時間。以前從臺北看天下，總是說「花東地區」，不知道的人還以為這兩地有多近，實際來一趟才知有多大、差多遠，就像聽到「金馬地區」，可別真以為兩個島距離很短。

　　這些花蓮鄉鎮各具特色，有日本移民村，有閩籍、客籍、外省籍及原住民，現加上新住民等多元組成。臨到玉里前的客城有不少「伯公廟」，就是客家人居多的象徵，還有公路旁也常見超渡亡魂的阿彌陀佛碑，跟西部美濃的碑牌近似，這些都需要慢慢走、用心看才能注意到的。

　　慢慢走、慢慢看，真的是一個徒步者打發時間的好方法，有時還能慢慢想。見到西部空的廠房，總想人都去哪了？到對岸？沒有競爭力退場了？走在東岸低矮的屋舍，只有老人家獨坐門口望著我，總想著年輕人呢？人口外移的現象不是只有一個部落而已吧？

　　有時走著也會想太多，在西部省道，看到不止一次的告別式，在自家門口辦得很隆重，小時候或是之後當爸爸也會提醒自己小孩，經過喪家門口，眼睛要閉起來快速通過，但這回我卻稍停了一下，對著告別式的方向，向往生者問：「你有留下遺憾嗎？」

　　不知天上的媽媽有沒有留下遺憾？由北到南再轉往東，一個人孤獨的走，總會想起母親的身影，很奇怪的是常常都同一個畫面：小學她牽著我去東園市場小攤吃東西的景象，只記得媽媽說吃不下把一盤

肉推給我。媽媽走十年了，誰說時間可以忘卻傷痛？不，它只是讓你更痛而已，中國作家李師江說：「我們和父母之間沒有遺憾就不成人生了。」媽媽不知有沒有留下遺憾？但我完全沒有盡滿孝道的遺憾是肯定的，且永遠無法彌補。

不論感傷或排除孤獨寂寞，音樂永遠是一帖良方，出發前在串流音樂平台下載了不少歌準備路上聽，有西洋情歌、有李宗盛、莫文蔚這些「老人歌」，但還有一些你可能很意外的，像「大支」、「董事長樂團」、「葛仲珊」這些讓人活力充沛的專輯。

不過二三十天的路程，也不能老是重複聽那些，拜網路之賜，聽線上廣播也是個辦法，有音樂聽，還「有人跟你講話」，一回聽到歌星徐佳瑩上節目打歌，以前如果這種工商服務時段我會把它調開，但獨自一人走在路上，有人聲就好，結果一小時節目下來，發現她是個頗有趣的歌手，接下來快十公里的路程，就搜尋她的歌聽了又聽，所

以人還是不要太先入為主才是。

　　講到這，就想到有一回聽到廣播上播張惠妹的歌，好像叫〈一夜情〉吧？歌一開始有段口白，我從未聽過這首歌，但口白一講，我竟跟阿妹「對話」起來了。

　　「今天晚上你在做什麼？」

　　（沒做什麼！）

　　「我怎麼樣都睡不著」

　　（是喔！）

　　「你可以陪我嗎？」

　　（讓我想想！）

　　看！我是不是很無聊。

　　更無聊的還有，一隻小蟲在路邊爬，我拿樹枝逗它，也逗了幾分鐘，一如國小上學途中的記憶。還有一次是走在路上，企圖努力回想這一生所學的數學、生物、化學、物理，我究竟還記得多少？想破頭最後只記得 $A=B$、$B=C$，所以 $A=C$，我真是個劣等生啊！老師們，我對不起你們。

「世」間事也太巧合了吧！

到達花蓮前五公里左右，老長官林將用他那種花蓮人熟悉的身影小丑打扮，騎著貝果三輪車迎接我。

遇上林將前，去光復糖廠吃了著名的冰棒，在鳳林看到很奇妙的小學中有孔廟，並且在大門口問了群準備放學的原住民小朋友：「那廟是做什麼用的？」小朋友回答是：「高年級拜拜要考好成績的。」我問：「那你們不用考好成績嗎？」小朋友有點不好意思又有點天真地笑了笑回應我。

林將提前五公里來接我，實在不敢當。老體育人到花蓮找林將好像是必然的，我視為某種心靈成長的儀式。

論臺灣體育傳媒，應該沒有人比林將更資深了吧！他參與《體育世界》編務，當過民生報記者，中華職棒副秘書長，職棒副領隊，也成立運動經紀公司，更推廣臺灣最早的慢壘比賽。我們倆關係算起來也頗特別，我進中華職棒時他是我長官，後來我唸研究所他又變成我同學了，還曾打過一兩場快速壘球比賽成隊友。

說起這位老長官，是資深媒體人可一點都不假，看我此行，他立馬想到，民生報初創刊時，他曾採訪過一位七十歲、名為陳品的徒步環島勇者，在那個年代，那樣年紀，能徒步環島，不是勇者是什麼？

談起這位老同學是終身體育人更不假，一生愛體育的他，後來乾脆把名字改為林體育，談話三句不離運動，其實他在花蓮市中心有間自營的咖啡店，近年在經營上受到附近連鎖商家挑戰，但他聊天時，還是一直在講過幾年想辦一些復古棒球賽事，實在是無可救藥的體育人啊！

即使已經到了花蓮市中心，但和臺東一樣，花蓮還是個讓人身心很放鬆的地方，我決定在這裡多住一天，除了做最後回臺北前的衝刺準備外，也許真的需要稍做休息調整，十一月八日從臺北永和的家中出發，一路走下來，直到瑞穗後的那些路段，突然有點不太想往前走，這是首次有種並非體力不足，卻不想走的感覺，大概是所謂的「撞牆」，後來自己找了解決方法，就是小跑步前進，感覺稍微好了一點，但背著十公斤左右的背包要一直小跑步也不太容易，所以打算多住一晚調整一下。

　　第一晚住的民宿是林將朋友嘉君經營的，在美崙溪旁很棒的地

方，嘉君是個慢壘愛好者，娶了日本太太，以這幾年花蓮旅遊的狀況來看，民宿算是經營得有聲有色，實屬不易。第二晚決定自己找一家來住。

我沒什麼目標，就沿著林將他們家的「泥巴咖啡店」附近慢慢找起，在選擇不少的情況下，看到一家商務飯店就走了進去，櫃台老闆見到我一整個大驚嚇，不明究裡的我聽櫃台老闆說明後，也驚呆了，這……這巧合也太不可思議了吧！

飯店老闆姓世，很特別的姓，更特別還在後頭。

世家兄弟都是兄弟球迷，元年起即是。聽說我在徒步環島，也聽說我有可能會走到花蓮看關懷杯，所以跑了兩趟比賽場地，希望能簽到名，最後卻是失望而回。

同一時間我還在臺東的臺九線上奮鬥，一週後才到花蓮，當時在臺東的原始計畫是只想在花蓮停一晚，最後臨時決定多留一天，中正路上的這家商旅也是隨機找的。

結果……

哪裡不住，卻住到世家兄弟經營的飯店，自動門一打開，坐鎮櫃台的大世，差點從座位上跳起來，等不到我，本人竟自己走進門來。

真不知他們兄弟該買樂透還是我？

這讓我想到徒步第二天，在北埔也是隨便找地方住，結果竟住進了中職宣推主任劉東洋家族經營的民宿。

「世」間事也太巧合了吧！

XXX！

蘇花公路多處坍方實施交通管制，也間接解決我頭痛的問題：該不該走蘇花這一段？最終基於安全考量還是跳過了。所以一大清早人在花蓮，火車一坐，就咻一下到宜蘭了。

在頭城大溪訂了民宿，不過到那裡還有將近三十公里的路程要走，有點急迫，只好加快速度先把臺九線段走完，再沿海岸走，可能就較輕鬆。

即便行程再趕，有件事肯定要做的，那就是喝咖啡，可以放棄美食，走過頭城知名的「芋冰城」也可視而未見，但咖啡是時候到了一定要喝的，那應該屬於一種「癮」吧？雖然我不抽菸，但完全可以體會沒菸抽那種痛苦，因為沒咖啡喝的我也是很難受的。之前騎車環島時，同伴很能體諒我，每天下午總會多留點時間讓我喝了再上，現在一個人走，時間自己管，也就可隨時來上一杯，但出門在外，只是過過咖啡癮而已，就別再計較什麼日曬、水洗，也不用管什麼深烘焙、淺烘焙的，有得喝就好。

在便利商店喝完咖啡，轉進頭城老街，再走一段見到獨樹一幟的蘭陽博物館，應該沒有人不讚嘆這棟建築物吧，走在蘭陽平原，見到不少特殊的建物，如果是一般民宿也還好，反正是你家愛怎麼蓋隨便你，但公家機關也有特色設計，那就不得不佩服公務部門的氣魄了，這或許是被稱為「民主聖地」的宜蘭傳統，而如今在這傳統下，此地也和府城人一樣，對所居住的土地有高度認同感及一種獨特的驕傲。

能看到蘭陽博物館，就表示已走在濱海公路上，老天為了配合海景，瞬間雨風開始加大，趕緊把防水外套穿上，正好也差不多快到衝

浪者天堂的外澳，我一直以為這應該是夏季活動，結果還是見到有人在衝浪，這種飄著冬雨的天氣，泡在水裡，體感溫度應該逼近零吧？見到有衝浪者在海邊烤火取暖，我靠近前去，問候他們：「很冷吧？」兩男一女坐著，抬頭看我，黑眼球都在眼睛最上方，然後不回聲繼續低頭，我猜他們可能覺得要裝酷酷的，比較像衝浪客吧！我只好識相地趕緊走開。

這種天氣衝浪已經夠讓人稱奇，再走一段看到有人在海釣更驚了。以前學過形容孤獨者的最高境界是唐朝柳宗元那句「獨釣寒江雪」，一個人在白雪紛飛的寒江裡垂釣，那是多有畫面的空寂感啊！我走在濱海公路望向海邊礁石上的釣客，雖然宜蘭不是「千山鳥飛絕」，頭城也不是「萬徑人蹤滅」，遠遠的看應該也非一老翁，但「獨釣寒江雪」的深刻是完全相似的。

獨釣或三兩人逐浪，在這寒冬雨中，他們正享受著別人無法體會的樂趣，「他們高興就好。」我是這麼想的，但再走個幾公里，看到一批和我們不太相同的人，也許他們的生活就很難高興起來了。

　　烏石港一過，沿北部濱海公路，雨完全沒有停歇的打算，不，是愈來愈大了，同樣沿著海岸線走，臺東宜蘭兩地從氣候到景觀均有相當差距，但宜蘭有臺東大武、金崙段所沒有的，我走進了漁港，到了名為「梗枋漁港」的地方。

　　不論有沒有下雨，徒步走了超過一個月，之前要依靠運動手錶來計量前進距離，以決定何時該休息，但三十天後完全不用，雙腳就是精準計步器，一旦身體告訴我該停下來了，再對照手錶，通常相差不會超過五百公尺。

　　到梗枋漁港差不多就是身體通知我該休息的地方。我往下走一處斜坡，不久後就感受到活躍的生命力，好熱鬧啊！地上一堆漁獲，幾個人圍著，男子不停快速叫賣，夾雜著出價聲，比較厲害的是左側一位小姐，手中一個小記事本，快速地像畫符般寫下或許只有她懂的文字（或數字？）

　　很想問寫什麼，但這一男一女像在配合做雙殺守備一樣，根本沒有讓我開口的空檔，直到看來交易完成，叫賣哥指揮在旁邊待命的移工把漁獲挪開，這些移工臉上沒什麼特別表情，叫一動做一動的聽命行事，有一兩個看起像是老鳥，還會幫著肢解魚，但不管什麼樣的工作，他們看起來都面無表情且帶有深深的倦容。

　　後來我把視線移到他們身上，很不希望這麼想，但又忍不住，他們會不會一如《血淚漁場》一書所描繪的同樣遭遇：「……他們有時整天不能睡覺，在沒有攜帶氧氣瓶的情況下，潛至海面下處理機械問題，他們會被體罰、電擊，在海上只能食用受損的漁獲、吃摻著綠豆

的米，過農曆年才有餅乾，他們很難喝到新鮮的水，淨水只供給船長，有時他們得想辦法把冷凍漁艙裡的霜煮過後飲用。」

《血淚漁場》是本令人看過心情沉重的書，但它不是小說，是真實的調查報告，反映的是臺灣漁業僱用外籍漁工一個「不被看見的造假、剝削、奴役」的結構和文化。

也只能很駝鳥的想著，眼前這些人都不會碰到書中所述，現在臺灣漁業聘用漁工的人道情況已改善，或他們根本不是漁工而只是移工而已，只能這麼想了，走了這麼大圈，即將到達目的地，很多臺灣人給予我正面陽光的力量，但陽光照射不到的地方，因為我走得慢，所以看得多，那些陰影很難視而不見，但看了也是無力感徒生而已，能怎麼辦呢？也許該學電影《大佛普拉斯》裡肚財最常掛在嘴邊的那句「XXX！」但，有用嗎？

苦行僧般徒步後的好運

桃園有大溪，宜蘭也有大溪，桃園大溪是我第一天住宿的地方，宜蘭大溪也差不多快成為最後終點，算是個有趣的巧合。

第一晚在桃園找不到住的地方，還被便利商店的顧店妹妹消遣差幾步也在計較，還好最終找到可以躺一晚的旅館，三十幾天後，到了宜蘭大溪，這裡的大溪是朝著海邊，桃園的則是山間，我先預訂民宿，老闆給了我間正對龜山島、可以看到日出的好房間。

老闆帶我上三樓的房間，經過二樓時看到一顆大簽名球，上頭有幾個人的簽名痕跡，分別是中華職棒會長、秘書長等，時間是 2004 年中華職棒在宜蘭的開幕戰。

我好奇問老闆這球是怎麼來的？他說當天他有去參加，所以中職就送他當紀念。

「所以你是縣政府體育科的人嗎？」我問。

「喔，我是副縣長。」

這個答案有點讓我嚇到，因為老闆完全看不出來曾是當過父母官的人，很客氣而低調，甚至還跟我提到換洗的衣物可以拿給他，他幫我洗。

這位民宿老闆，竟是宜蘭前副縣長陳忠茂。

2004年中職宜蘭首戰，開球的貴賓就是他，當時在轉播席的我，沒想到十三年後有機會和他聊天，不過談的不是棒球，而是為官之道。

陳忠茂先生在宜蘭從政經歷豐富，當過縣議員、頭城鎮長及歷任三位不同縣長的機要祕書。

這麼豐富的經歷中，我比較好奇的是第一任縣長陳定南的共事經驗，他是否就像外傳的一樣，是一個不折不扣的「陳青天」？

　　結果陳忠茂在整晚談話中，不止一次說到：「沒有陳定南就沒有今天的宜蘭。」他舉一個例子，說有一回陳定南要去臺北開會，太太要搭便車，陳說不行，因為這是「公務車」。

　　還有一次申請高架橋經費，以當年黨外縣長的身分，很難向中央要到錢，但陳定南硬是親自丈量、拍照、計算，詳寫計畫書說明為什麼非要高架橋不可，最後讓中央不得不撥款。

　　還有陳定南任內最大的改革，是改變公務人員的文化，儘管一開始遭受反彈排斥，但最後真的做到不刁難、不收紅包的辦事原則，自此不但能以縣府員工為榮，也大大提昇了宜蘭民眾的自尊心。

　　其實陳忠茂先生不止詳述了以往在陳縣長身邊的觀察，和我聊開了，還加碼細說地方政治生態，及早年郭雨新被作票以致高票落選的秘辛，非常有趣，還有接任沒有人敢接的工作等，是有錢買不到的一堂課，我還在自己筆記本記下副縣長的語錄，他說：「從事政治不可能名利雙收，有的話也只是臭名。」

　　「要有經濟能力才能從事政治，不能先政治才有經濟（否則會貪污）。」

　　「什麼位置都像上台，要演什麼像什麼。」

　　「從政不要怕得罪朋友，就當他交到壞朋友。」

　　「一件衣服不可能什麼人都穿得下。」

　　即使我很確定百分百不會從政，但這些語錄對我的待人處世依然受用不已，尤其他說的演什麼像什麼，從他曾任鎮長副縣長，卻能放下身段掃地整理房務看出，他是身體力行的。能認識這樣有智慧的人，或許是老天回報給我，如苦行僧般徒步後的好運吧！

揮別副縣長，有點依依不捨，真的很想再聽他多說點什麼，也只能期待有機會再來了。

DAY 33　東西好不好吃
重點在於你有多餓

今天的風雨比昨天更大了，我沒有任何怨言，不管遭受什麼，都不該有怨言的，路是自己要走的，再苦都是自找的，也只能苦中作樂，何況老天已經對我夠好了，連續三十三天，除了花蓮玉里臨出門碰上一點小雨絲之外，一路上沒有下雨，少吃了很多苦頭，少了很多不方便。

行前在裝備採購上，太太陪著我逛了不少地方，重點就在「防水大作戰」，衣服鞋子、外套買的都是防潑水等級的，儘管所費不貲。不過錢花了，「很慶幸」直到這兩天才真正發揮功能。看來以後打球的隊友真的不能再叫我「雨神」了。

頂著強烈風勢加雨勢，原本五公里平均一小時五分的速度，大概多了二十分鐘，中間幾度大卡車呼嘯而過，濺起一大片水花幫我免費洗了好幾次臉，最後讓我這有修養有氣質的人，也忍不住大喊了：「看！」

一直到了舊草嶺隧道，總算可喘口氣，走進隧道中無論如何是不會再淋到雨。著名的民謠「丟丟銅仔」，歌詞裡面的「磅空（隧道）」指的就是這條舊草嶺隧道，此隧道建於一九二一年，一直到一九八五年新草嶺隧道通車後才廢止，如今規劃成為自行車道。

如果不是規劃為自行車道，那麼我得多繞一大圈走濱海公路，近十公里才能走到福隆車站，但走隧道就大大縮短了這當中的距離，而且還能避雨。

這個隧道全長差不多兩公里，即使用走的，一般人大概三十分鐘即可走完，但我個人覺得它容易讓人走得很慢，從入口處開始，有種獨特的氛圍，尤其今天這樣的天氣下，只有我一人走著，萬籟俱寂像散步在無人的博物館中，一路摸著紅磚一路摸著水泥牆，感覺隨時會有一股神秘力量把我吸進去。回想那一年，唸高中的大姐帶著二姐還有我，從臺北搭火車到蘇澳找從事拆船工作的爸爸，那時就是通過這條隧道，如果時空穿越，我成為旁觀者，見到「苦情三姐弟」，我該和他們說什麼？看到一輩子見不著幾次面的爸爸又會說什麼？

現實很快將我拉回來，福隆出口處就在眼前，且雨聲依然淅瀝嘩啦。有可能是雨大，隧道口到車站比我預期要遠，但還是那句話，目標明確，走得再慢總是會到。

慢慢走到了福隆車站，兩旁就是著名的福隆便當販售店，選哪家都無所謂，以前吃過幾次，覺得味道普通而已，但今天吃起來卻美味極了，作家向田邦子說過：「東西好不好吃，重點在於你究竟有多餓。」嗯，說得太好了！

所謂恐懼，往往是害怕失敗的緊張感

人生最棒的完賽

沒想到走到基隆來了，這跟我原先規劃的路線小有不同，基隆是我的家鄉，不知為什麼沒想要從基隆這個臺灣頭繞回臺北？但雨把我帶來了，來到這個著名的「雨都」。

走到火車站前的星巴克，約了同事小嘉在此相會，臨時轉來基隆，晚上可能要借宿，在等待的空檔，坐在椅子上，右方是火車站方向，左方是港口，想起之前寫過基隆火車站的回憶，此時回憶再度襲來。

我想臺灣應該沒有一個城市像基隆一般，火車站前方數十公尺就是大港灣。火車站也好、港灣也罷，通常乘載而來隨波而去的都是過客，但對在地人的我們，很小、很小、很小的時候，那個地區卻是我們「娛樂」的重心地。如果要逛街都從基隆火車站為起點開始走，為什麼是基隆火車站為起點，說不出所以然，想必是早年臺灣各大都市，火車站附近多為商家聚集之處，總是很熱鬧吧！

所以白天安樂國小操場是我們主要的活動中心，到了晚上，沒有下雨，想出去走走，基隆火車站是最佳選擇，那時叔叔會牽著我的小手從安樂國小附近的家門口往前走，叔叔其實和我一點血緣關係都沒有，卻疼惜我如「屘仔子」一般。

有點福態的叔叔總讓我有像山一般的安全感，好像跟著他，到哪裡都不用害怕。我們走著走著很自然就到了火車站，無論何時，車站正前方總會停著數艘大船，船從哪裡來？要往何處去？我這樣問著。叔叔的答案總是：「米國啊！」基隆海的那一邊就是美國，應該是這樣吧！

目視著大船然後沿著忠一路往前行，會不斷地看到三個英文字母「BAR」，想想，在還沒入學前就認得三個英文字母是有點驕傲，應該也算是拜基隆港路上櫛比鱗次的酒吧所賜吧！

人家說燈紅酒綠真有幾分道理，酒吧門口紅色的耀眼燈光特別醒目，那是越戰最激烈的年代，也是臺灣經濟準備往高空飛的年代，美國大兵、外國水手，滿街的「阿兜仔」來來往往好不熱鬧，我沿著街走，眼睛也沒停過，瞧那些異國人、看那些吧女送往迎來的親暱舉動，是臺灣人做不來的，但許是臺灣人做不來就是特別，特別的東西就是好看，所以眼睛似懂非懂地盯著，不過這是指叔叔帶我的時候，如果換成阿姨，她就會把我的頭從三點鐘方向轉到十二點鐘位置，再加上一句：「囝仔人黑白看。」

或許繁榮到極致，忠一路上後來又開了家大飯店，這真是不得了的事，因為它擁有全基隆第一扇自動門，人站在前面門就自動打開，實在是太神奇了，這轟動武林的大事似乎全基隆的小孩都知道了，但對經營者卻是「災難」的開始，因為很多小朋友（對啦！包括我）會先埋伏在側，等到沒人時快跑前進踩著門口的紅地毯，然後看著門神奇地打開，身旁的同伴就尖叫、嘻笑，好玩極了，直到飯店請人顧守大門口。

忠一路酒吧群聚，附近孝一路則有賣時髦衣物的委託行，在基隆迺街是聲光、是娛樂，但可以的話，小小的心靈還是極希望回火車站去。基隆火車站的最大特色是位於臺灣最北端，載運乘客的方向除了往南還是往南，「南來北往」這個形容詞在基隆火車站是不存在的。

至於往前的第一大站即是臺北，那時臺北代表的是繁華大都市，但明明是臺北市，叔叔每次都說是臺北城，「城」在哪裡卻不知道，只是非常清楚城裡住著媽媽，懂事以來就很少看見媽媽，因為媽媽一

個人在臺北工作，把我和姐姐寄養在叔叔家，有時假日媽媽會來基隆看我們，那時媽媽總帶著基隆看不到的糖果、餅乾給我們，那是極甜美的時刻，一邊吃著餅乾，一邊盯著媽媽看，「媽媽好漂亮啊！」我總是心裡這樣想著。

如果媽媽沒來，叔叔就會帶著我們三個小的去臺北找媽媽，從基隆到臺北不算短的距離，但我們一點也不覺得累，除了得先經過火車站前那一段之外，當時基隆火車站前廣場一側，為了教化人心、宣導交通安全，總是會貼著一張張行人因不守交通規則而被撞死的慘照，每次都嚇得我們低頭快跑前進。但那段時間畢竟短暫，看著叔叔買票上車搶位，雙腳跪在椅子上，手扒在窗前，數著窗外站名：八堵、七堵、汐止……一路往前，每進一站即靠媽媽身邊少一段距離。等待和思念之人相見前的時刻，是最美好的，這個道理我從小就懂。

一直到現在我還是很喜歡坐火車，以前不知道是什麼原因，為何獨鍾情於這樣的交通工具，如今才明白那是多少的情感投射啊！而這情感的初發不就在基隆火車站嗎？

一個至今不起眼的站台，卻是人生酸甜苦辣的起點！

最後一天了，如果從這不太起眼的車站搭回去自然是最快的方式，但路一定得讓它走得有始有終，而且 FOX 體育台的小石和彥君在八堵車站等我，準備跟拍一段做特別節目，同事 Jennifer 也想陪走一段，總不能放同事鴿子吧！

過八堵火車站，雨有點小，這是好消息，從宜蘭大溪開始，左腳跟就腫痛，這是之前沒遇到過的，如果起水泡就還好，走這麼一大圈我都快成水泡專家了，陸陸續續的大小水泡，也都被我一一擺平，不過左腳跟腫痛還是第一次，沒辦法就只能忍著，至少雨小點感覺好多了。

但到了省道六堵工業區，雨勢又飆了起來，首次沒有走完五公里就休息，趕緊到加油站躲躲再說，但十分鐘過後完全沒有停下或變小的跡象。還是上路，家就在不遠前，撐下去就到了，走在雨中，漁夫帽像是從水槽中取出戴在頭上一樣，水慢慢滲進衣服裡了，身體不太好受，心情隨著離家愈近愈是愉悅，但心裡卻有點「矛盾」了，出發前堅信自己一定能走完，等現下走到汐止，旅程即將結束之際，卻不太相信真的走完了，有點像自己在跑完全馬，一一三公里的三鐵賽，用盡體力、意志力完賽，過程真的很辛苦，等拿到獎牌，激動外回頭還想：「我真的完成了嗎？」

走到南港車站，決定用餐好好休息了，今晚就要回家了，不用擔心住的問題，也不用急著趕路，所以可以輕鬆地慢慢來。點了份咖哩豬排，正值午餐時間，餐廳滿滿是人，坐我左邊兩位身穿西裝的上班族，其中一位邊說話腳邊抖個不停，他們在討論下午案子的內容，間歇夾了幾個國中程度的英文單字，右邊四位熟女嘰嘰喳喳，其中一位埋怨事情永遠做不完，對面的人附和著。我一邊享受我的午餐，一邊聽兩側此起彼落的對話，突然不經意地笑了出來。

是的！確定我回到臺北了，接下來準備給太太最深的擁抱。

這是一趟超過八百公里，沒有成績、沒有獎牌，卻是人生最棒的完賽！

後記

一到家打開家門，給了太太一個大大的擁抱，隔兩天去山上祭拜媽媽，跟她說我平安回家了，姪女琬容也來了，她看到我就給了我一個大擁抱，後來幾天，到 FOX 體育台上節目、記者會遇到同業，不少人見到我，很自然的動作就是擁抱，那是平常根本不會做的，不知是不是大家覺得我「歷劫歸來」，有種重生的慶幸感，或是有兩位朋友這麼說，我完成了一件不可思議，「給予人正面力量」的事。

其實出發前完全沒有想那麼多，不覺得自己在幹多了不起的事，只是認為可以去做，想去完成而已，第一天在臉書貼文也只是背包旗幟上有TSNA的logo想秀給同事看，沒想到引起這麼大的轟動，之後，每天一篇的雜文，也有不少的迴響，這些都是始料未及的。

回家當晚去接回在校夜讀的女兒，回想十一月八日那天，同樣是先送女兒上課後才出發，也算另類的有始有終吧！隔天早上出門辦事，我還是以腳踏車當代步工具，有人問我走了一個多月，休息多久才開始活動？這應該是答案，第二天就開始騎車，兩天後又去橋下打慢壘了。

還有最多人問的是：「總共瘦了幾公斤？」答案是不但沒有減還增加一公斤，這告訴我們豬八戒的笑話是真的，西天取經走了數萬公里，豬八戒還是一樣胖。光靠運動減重有限，飲食還是最關鍵。

不論外在形體有沒有不同，內心的改變肯定有。高鐵把臺灣變小了，我用雙腳慢慢走，把眼中的臺灣變得巨大無比，走得慢所以看得多，許多之前以為極自然的事，一旦離開臺北就完全不是那麼回事。

但我深深覺得，也許走在路上及完成這一趟後才領悟，那是個心

靈成長之旅，像重新整理，也更近似人生的重開機，那曾因工作而忽略的家庭關係，自己成長歷程的再憶起，及對天上母親的永遠思念，還有，對臺灣這塊土地的學分重修。

　　這應該是這趟原本不為什麼而走的路，結束後的最大收穫。

最難的是起步後，
最易出錯的是終點前

老旅館的風景

必須說，這些風景完全在我徒步環島計畫之外。

有旅行就有過夜住宿問題。找地方睡，在起頭那一兩天我還會Google一下，決定要住哪裡，評價如何？到最後根本不選了，對於一個一天走上七八小時的人來說，有床有門就是八十分，能有熱水洗澡就更完美了。

所以到達目的地，通常看到的第一家（有時也是唯一的）旅館，毫不考慮就住了進去，既然不挑，當然品質就不會太在意，何況行走的路線都在省道或縣道上，經過的鄉鎮規模也不大，真要挑好一點也有它的難度。

這一路上，尤其是西岸所下榻的旅館，平均費用在六百到一千之間，旅社歷史往往都是三十年起跳。名稱也各具巧思，有地域性的：後龍、關西、大甲。有富時代意義的：和平、自強。或是看似大飯店級的：國賓、華南……

這些旅社的共同點就是：懷舊感十足。如果這是你要的。

從外頭看，剝落斑駁的外牆，招牌的每一個字體通常都已經不太完整，其中某一個字也可能消失了，但不會很難猜出就是你要去的那個地方。

把門推開，首先面對的是半人高的櫃台，奇怪的是，多數時間櫃台都空無一人，你得喊聲叫人，但出來應答的並不一定是老闆，有時是移工，是的，移工。這一路上至少有三次，是移工出來招呼的。她（沒碰過他）會直接跟你說房價，給了錢後，她就給你一把鑰匙，還有一張表格，手會稍微比畫一下寫字的動作，意思是要你自己填上個

人基本資料，如此你就可以上樓睡你的覺了。

隔天要離開了，櫃台還是沒有人，沒關係，把鑰匙放著走人即可。

至於房間長什麼樣？雖說房價便宜得很，也不好太計較，不過還是說一下這個沒什麼可計較的內容好了。

在走進房門前，得先經過一條稍顯陰暗的走道，兩旁均有房，上頭有編號，慢步而行有那種進入侯孝賢電影場景的 fu。推開門後，床是一定有的，床板有點硬，即使鋪了床墊都差不多，也可能歷經不少男女老少滾翻，中間有點塌陷感。接著下來是被子，它不會是白色，而是極為喜氣的花色，除了玫瑰之外，其他看不出來是什麼；總之，它曾經很花很喜氣就是了。正對著床會有個矮櫃或至少在牆上有個鐵架，那是用來固定電視，不過不是液晶電視款的，而是傳統映像管那種。然後冷氣機就精彩了，如果沒有聽過裝甲車聲響的話，那就啟動看看，差不多就是那樣子。

至於廁所，基本上該有都有，也許外觀上狀況不是那麼好，尤其是浴缸，我想你看了不會想要放水躺下去，不過我的重點還是，有熱水從水龍頭出來就很滿意了。且慢，有時還得看你身處在什麼樣的地方而定，曾碰上熱水打開要十幾分鐘才等到的，也有要跟老闆特別通知開瓦斯的，所以要隨時看什麼狀況，做什麼調整。

在我徒步環島的過程中，雖處不同的旅社，但常見一晚整個旅館就只住我一人，標準的 VIP，雖然住起來爽，但難免這麼想：究竟他們都靠什麼維持，才能支撐下去？

我丟出這個問題，首先回答我的是後龍旅社二代經營者林小姐，事實上她是遠嫁此處的媳婦，她說：「主要是靠外勞。」

外勞（移工）？這是個既意外又不意外的答案。

從北到南，在臺灣你很難去忽略移工的存在，或許他們在你眼中

的影像有所不同，在北部也許是推著輪椅，雙耳掛著耳機的，往南走他們可能在路邊或廠房裡推著貨架，繞到東北角又見差不多膚色的人，抬著魚箱忙進忙出。再看省鄉道旁，有些你不識的文字已經取代傳統的店面招牌，這些林林總總都告訴我們，移工在臺灣各角落，已經佔據了我們的視線。

林小姐繼續她的回答：「其實做外勞休息比較好賺，他們都不講價的。」

「講價？這種事還可以講價？」我只差沒笑出來的問。

「有喔！有些臺灣人來我們這裡休息，還要問能不能便宜一點。」

我下榻的彰化賓館，堅持要我叫他阿姐的內將也說，做外勞休息比較單純。

「他們來就是付錢做，做完就走，不吵不鬧的，然後我們把房間整整，很單純啦！」阿姐說。

其實她們不說，我也應該猜出個七八成才對。在徒步第一天晚上，從櫃台拿完鑰匙準備上樓前，就迎面來了一對移工，後來陸陸續續差不多的畫面出現在各地。

最特別的應該算是虎尾那一次。

那是個週日傍晚時分，我走下樓準備歸還鑰匙出門覓食，儘管有一定的年歲了，但這家位於虎尾圓環旁的飯店，樓層不高卻有電梯，足見當年也曾風光一時，而且它右側還有個閒置的大空間，應該曾做為餐廳的位置，櫃台使用的木料看起來也是高檔貨。

但這些都比不上眼前的畫面奇特，有兩三對移工男女，正等在櫃台前，而且排出點隊形來，不用講，應該也都是準備來渡過本週假日的美好時光。當下我發現一個，不知能不能用「有趣」兩字來形容所

見的，那是移工不論男女，神情都非常大方自然，就像只是打算買票看電影一般，不像我們想像的本地人，不管是不是名正言順在交往的，提到去休息開房間都是遮遮掩掩，像要幹什麼壞事見不得人似的。

或許這就是民族性不同吧！而且正牌的另一半不在這島上，這種事又是人性本能的需求，無關乎膚色，就跟吃頓飯沒什麼兩樣，是種消費行為，沒什麼好害羞的，所以也就表現得落落大方。

移工將老旅社視為最佳的放鬆身心地點，對臺灣經濟發展，他們貢獻體力也貢獻精力，所以這幾年反而成為這些老店生存的主要收入。

那麼有沒有可能擴大，將其營收再增加一點？

的確看到有人這麼想，大溪的中和旅社正是個代表，這家位於中正路上，離老街不遠的旅社，嘗試走近來的文創風，一進門可以看到幾尊廟會陣頭的大神像，牆上也刻意重新粉刷，繪製極富大溪風味的壁畫作品。而頭家許先生，也兼做大溪深度導覽及旅遊諮詢的服務，試圖走出一條屬於自己的路。

另一條路，則是抓緊特定族群，近年來自行車環島及背包旅行熱，讓位於北港朝天宮後數公尺的笨港客棧，期望能經營這樣的市場，所以他們在入口處，很刻意地貼上各地車友及洋人背包客到此光臨的照片，無非是告訴大家：「喂！你們的同好都住這裡喔！」

此外，臺東市廣東路上的「路得行旅」，這家據說是六〇年代的老飯店，乾脆打掉重練，從外觀到內裝完全大改造，既走文青風也投背包客所好，房間小了點，但「五臟俱全」，而且，最吸引我的是房內沒有電視，沒有電視就不會想看，更多了不少屬於自己的時間。

還有一種類型，不知他們是否在找不到其他收入下，一種「求

生」的方式，或打一開始就想走這一條路。我不是那麼確定。

　　故事從我到林園那晚說起，照之前徒步的慣例，我選了第一間看到的旅館，但這回不太一樣，有「雷」到。一踏進門，就瞄到兩側沙發上或坐或半臥數位「超熟女」，這些女士雖年過半百，但其髮色和打扮彷彿又企圖讓人們覺得，至少三十公尺外看起來僅是坐三望四之年，無論如何，她們坐那兒當然不會只是來串門子聊天的，但我右腳已經踩進去了，左腳雖在門外，該換左腳在前嗎？這會不會對別人是種歧視、羞辱？雖然事後才知林園還有很多選擇，但既來之則安之，走進去就是，更何況每個人生存下去的方式各有不同，都該給予尊重，所以就在兩旁女士側目，及老闆娘表情訝異（驚訝於真有人要來住房）的情況下，付錢拿鑰匙，我的房間位於二樓，同樣的要經過長長通道後才能到達。

　　當我完成徒步環島一圈，大概住了不下三十間房，回頭看林園這間應該是拿第一的……以可怕程度來分。大門破損的地方用膠帶貼著，門後還有一大張告示，寫著遇警方臨檢時該如何應付。水龍頭及其他設備的色澤，一度讓我很認真思考，該不該去買水取代。

　　從走進去到走出，都得經過通道，總會看到兩三個房門開著，不用很刻意看，也能瞥見裡頭掛滿女性衣物，應該猜得出，不，肯定是這些女士們的工作場所兼住所，看到就覺得感傷，想起過去看過一篇關於萬華站壁阿嬤的報導，永遠不會忘記那些阿嬤的影像、她們的故事，還有她們的聲音，那句「能做別的，誰會選這一行？」是啊！能做別的，誰又會選這行？

　　不只林園，之前臺南到路竹段，行經省道旁也有不少老旅社，同樣大門敞開，同樣一些女士枯坐其旁，很耐人尋味的景象，我猜她們做的營生，應該和我想的不會差太遠。

　　但不論收入從哪裡來，有些，或多數老旅社，只是擺在那裡隨時間風化而已，是可惜了點，雖然我完完全全是旅館經營門外漢，但總覺得是不是還有些地方可以著墨的，例如旅社本身所散發的古早味。

　　鳳林火車站前的鳳梧旅社是個代表，有八十年歷史的旅館，除了地利之便外，最大的特色在於，它供應旅客所使用的熱水是柴火燒的。有一層樓高的爐具，底層燒著極旺的木柴，上頭還有兩個觀測水溫的儀器，實在是獨樹一幟，畢竟這年頭，到哪可以洗這種有溫度又有香味的熱水澡？但鳳悟沒有拿這個來宣傳，好可惜。

　　還有朴子萬龍旅社，他們的櫃台，還保留著過去需要人工轉接的電話機台，非常古味而有趣。另外，有間會讓人聯想起幼時看到圓山飯店招待使節的套房照片，房型保持得一如當初，還有同樣完好如初的是浴室的老磁磚，這些不都是很棒的宣傳點嗎？

　　再加一句可惜，可惜的是從北到南，不乏這種很有特色風格的老店，但沒有稍事整修或加以宣傳，反而被留下老舊破損的負評。

　　但我發現這僅是自己的一廂情願，經營者不是這麼想的，首先他們要面對的，自然是高速公路興起後，臺一號縱貫線既不縱更沒有貫了，少了旅客，除了大甲、北港等話題性地區外，沒有吸引人的附近景點搭配，光靠一個「復古」能吸引多少人？雖然不是完全沒有努力的想法，但多數都是以不變應萬變的心態面對明天，後龍旅社林小姐就說，雖然是她在負責一切事務，但長輩不想動，她也沒辦法。萬龍旅社的郭先生是第三代了，三十出頭的他也想有一番不同的作為，但經營權在父母手中，爸媽只想「穩穩的做」，他也無可奈何。

　　這也許是他們種種無奈的其中之一，總之，這是我這個完全不懂旅館學的徒步旅者所見到的，雖不能改變什麼，但對我而言，見識到這些，卻是雙腳踏過這八百多公里後的一大收穫。

國家圖書館出版品預行編目資料

環島浪漫：曾文誠 800 公里的人生完賽 / 曾文誠著 . --
初版 . -- 臺中市 : 好讀 , 2018.05

　　面；公分 . -- (心天地；09)

　　ISBN 978-986-178-456-4(平裝)

　　1. 臺灣遊記 2. 徒步旅行

733.69　　　　　　　　　　　　　107005579

好讀出版

心天地 09

環島浪漫：曾文誠 800 公里的人生完賽

作　者／曾文誠
攝　影／侯禕縉
總編輯／鄧茵茵
文字編輯／莊銘桓
美術設計／鄭年亨
行銷企畫／劉恩綺
發行所／好讀出版有限公司
台中市 407 西屯區工業 30 路 1 號
台中市 407 西屯區大有街 13 號（編輯部）
TEL:04-23157795 FAX:04-23144188 http://howdo.morningstar.com.tw
（如對本書編輯或內容有意見，請來電或上網告訴我們）
法律顧問 陳思成律師
總經銷／知己圖書股份有限公司
106 台北市大安區辛亥路一段 30 號 9 樓
TEL：02-23672044　23672047 FAX：02-23635741
407 台中市西屯區工業 30 路 1 號 1 樓
TEL：04-23595819 FAX：04-23595493
E-mail：service@morningstar.com.tw
網路書店 http://www.morningstar.com.tw
讀者專線：04-23595819 # 230
郵政劃撥：15060393（知己圖書股份有限公司）
印刷／上好印刷股份有限公司
初版／西元 2018 年 5 月 15 日
定價／ 280 元
如有破損或裝訂錯誤，請寄回臺中市 407 西屯區工業 30 路 1 號更換（好讀倉儲部收）

Published by How-Do Publishing Co., Ltd.
2018 Printed in Taiwan
All rights reserved.
ISBN 978-986-178-456-4

讀者回函

只要寄回本回函，就能不定時收到晨星出版集團最新電子報及相關優惠活動訊息，並有機會參加抽獎，獲得贈書。因此有電子信箱的讀者，千萬別吝於寫上你的信箱地址

書名：環島浪漫：曾文誠800公里的人生完賽

姓名：＿＿＿＿＿＿＿＿　性別：□男□女　生日：＿＿年＿＿月＿＿日

教育程度：＿＿＿＿＿＿＿＿＿＿＿＿＿

職業：□學生 □教師 □一般職員 □企業主管 □其他＿＿＿＿＿＿＿＿＿＿

電子郵件信箱（e-mail）：＿＿＿＿＿＿＿＿＿＿　電話：＿＿＿＿＿＿＿

聯絡地址：□□□＿＿＿＿＿＿＿＿＿＿＿＿＿＿＿＿＿＿＿＿＿＿

你怎麼發現這本書的？

□書店 □網路書店（哪一個？）＿＿＿＿＿＿＿＿＿□朋友推薦 □學校選書

□報章雜誌報導 □其他＿＿＿＿＿＿＿＿＿＿＿＿＿＿＿＿＿

買這本書的原因是：＿＿＿＿＿＿＿＿＿＿＿＿＿＿＿＿＿＿＿＿＿

□內容題材深得我心 □價格便宜 □封面與內頁設計很優 □其他＿＿＿＿＿＿

你對這本書還有其他意見嗎？請通通告訴我們：

＿＿＿＿＿＿＿＿＿＿＿＿＿＿＿＿＿＿＿＿＿＿＿＿＿＿＿＿＿

你希望能如何得到更多好讀的出版訊息？

□常寄電子報□網站常常更新□常在報章雜誌上看到好讀新書消息

□我有更棒的想法

是否能與我們分享您嗜好閱讀的類型呢？

□文學/小說 □社科/史哲 □健康/醫療 □科普 □自然 □寵物 □旅遊 □生活/娛樂

□心理/勵志□宗教/命理□設計/生活雜藝□財經/商管□語言/學習□親子/童書□圖文/插畫□兩性/情慾□其他

我們確實接收到你對好讀的心意了，再次感謝你抽空填寫這份回函，請有空時上網或來信與我們交換意見，好讀出版有限公司編輯部同仁感謝你！

好讀的部落格：http://howdo.morningstar.com.tw/

好讀的粉絲團：https://www.facebook.com/howdobooks

填寫線上讀者回函：請掃描右邊 QRCODE

填寫本回函，代表您接受好讀出版及相關企業，

不定期提供給您相關出版及活動資訊，謝謝您！

好讀出版有限公司 編輯部收

407 臺中市西屯區何厝里大有街13號
電話：04-23157795-6　傳真：04-23144188

沿虛線對折

購買好讀出版書籍的方法：

一、先請你上晨星網路書店http://www.morningstar.com.tw檢索書目
　　或直接在網上購買

二、以郵政劃撥購書：帳號15060393　戶名：知己圖書股份有限公司
　　並在通信欄中註明你想買的書名與數量

三、大量訂購者可直接以客服專線洽詢，有專人為您服務：
　　客服專線：04-23595819轉230　傳真：04-23597123

四、客服信箱：service@morningstar.com.tw